Teach Your Child to Read

300 Short Easy Sentences

English - Tamil

Name 

I Can...

- ☐ read the 1st sentence.
- ☐ read the 2nd sentence.
- ☐ make a sentence from a picture.
- ☐ color a picture.
- ☐ Draw a picture.

The frog is going to a party.

தவளை ஒரு விருந்துக்கு செல்கிறது.

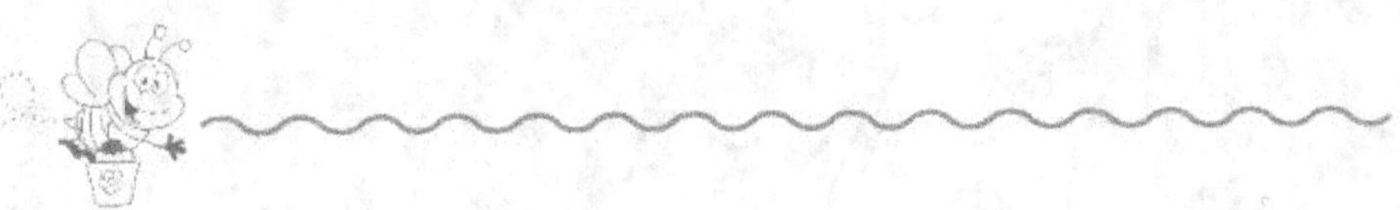

The happy frog is wearing a green hat.

மகிழ்ச்சியான தவளை பச்சை தொப்பி அணிந்திருக்கிறது.

Name _______________________

I Can...

- [ ] read the 1st sentence.
- [ ] read the 2nd sentence.
- [ ] make a sentence from a picture.
- [ ] color a picture.
- [ ] Draw a picture.

Owl likes to read big books.

ஆந்தை பெரிய புத்தகங்களைப் படிக்க விரும்புகிறது.

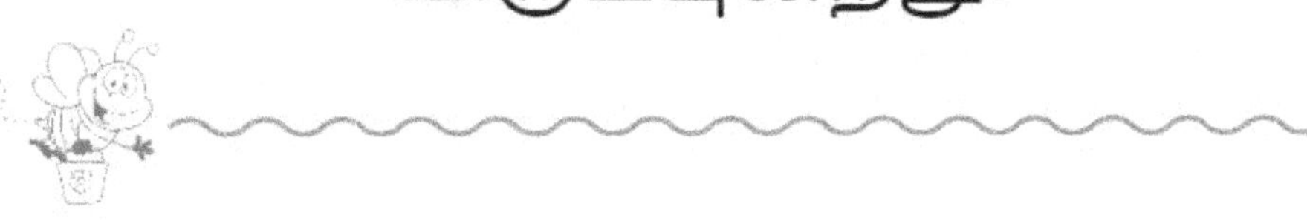

A smart owl is reading an alphabet book.

ஒரு ஸ்மார்ட் ஆந்தை ஒரு எழுத்துக்களைப் படிக்கிறது.

Name

I Can...

- [ ] read the 1st sentence.
- [ ] read the 2nd sentence.
- [ ] make a sentence from a picture.
- [ ] color a picture.
- [ ] Draw a picture.

Come on! The ice cream truck is here!

வா! ஐஸ்கிரீம் டிரக் இங்கே!

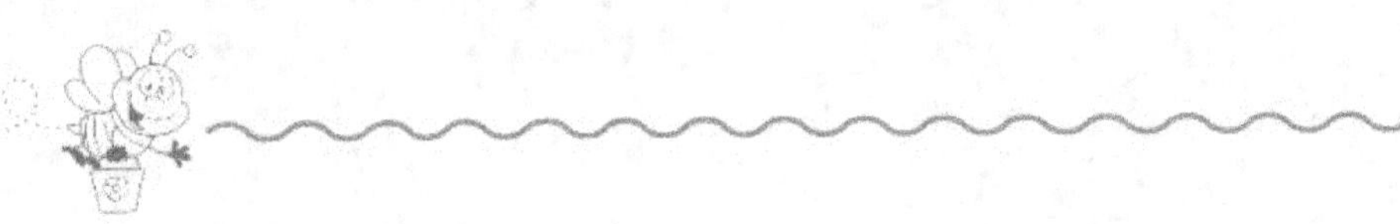

He is driving a big icecream truck.

அவர் ஒரு பெரிய ஐஸ்கிரீம் டிரக்கை ஓட்டுகிறார்.

Name

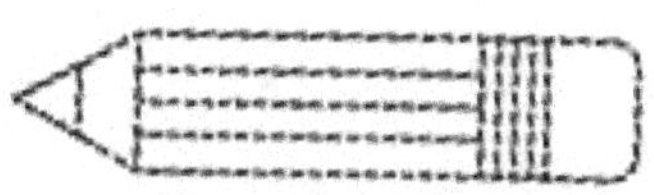

I Can...

- ☐ read the 1st sentence.
- ☐ read the 2nd sentence.
- ☐ make a sentence from a picture.
- ☐ color a picture.
- ☐ Draw a picture.

Dragons are very friendly and have scales on their backs.

டிராகன்கள் மிகவும் நட்பானவை மற்றும் அவற்றின் முதுகில் செதில்கள் உள்ளன.

The dragon is waving his hand.

டிராகன் கையை அசைக்கிறான்.

I Can...

- ☐ read the 1st sentence.
- ☐ read the 2nd sentence.
- ☐ make a sentence from a picture.
- ☐ color a picture.
- ☐ Draw a picture.

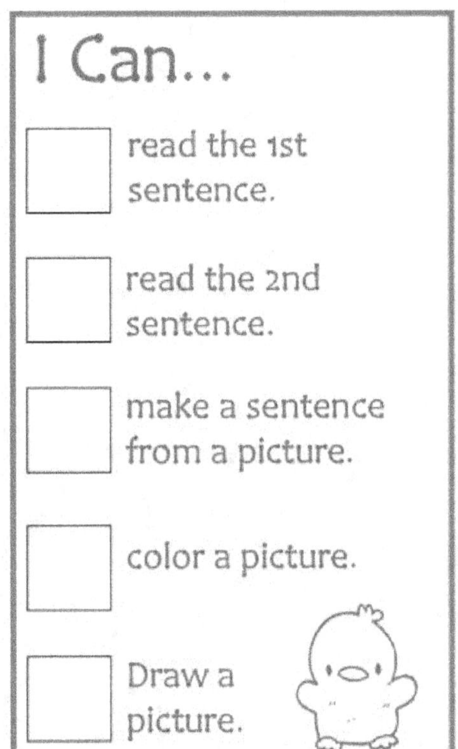

This ram lives in the farmhouse.

இந்த ராம் பண்ணை வீட்டில் வசிக்கிறார்.

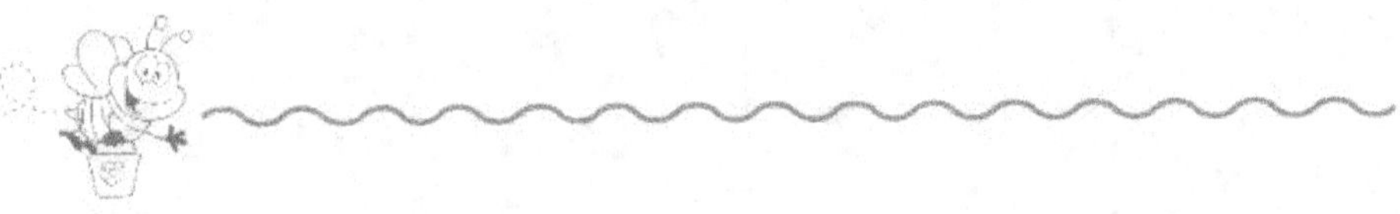

Ram has a large horn and fluffy wool.

ராமுக்கு ஒரு பெரிய கொம்பு மற்றும்
பஞ்சுபோன்ற கம்பளி உள்ளது.

Name

I Can...

- [ ] read the 1st sentence.
- [ ] read the 2nd sentence.
- [ ] make a sentence from a picture.
- [ ] color a picture.
- [ ] Draw a picture.

The bunny likes to eat carrots.

பன்னி கேரட் சாப்பிட விரும்புகிறார்.

Rabbit thinks that the juicy orange carrot looks yummy.

ஜூசி ஆரஞ்சு கேரட் அற்புதம் என்று முயல் நினைக்கிறது.

Name ____________________

I Can...

- [ ] read the 1st sentence.
- [ ] read the 2nd sentence.
- [ ] make a sentence from a picture.
- [ ] color a picture.
- [ ] Draw a picture.

The clown likes to give out balloons to little kids.

கோமாளி சிறிய குழந்தைகளுக்கு பலூன்களை கொடுக்க விரும்புகிறார்.

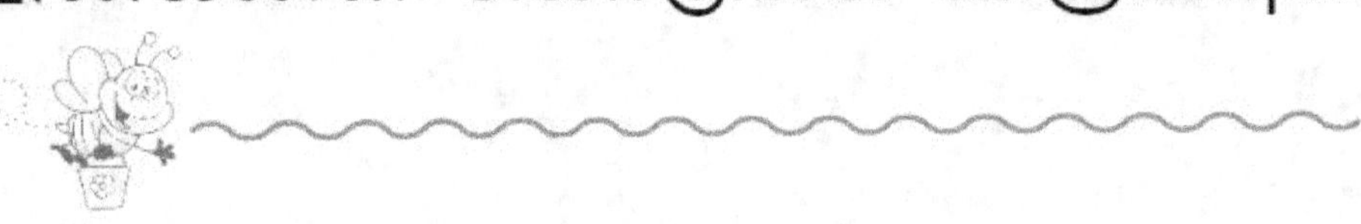

Funny, Mr. Clown is giving away colorful balloons.

வேடிக்கையானது, திரு. கோமாளி வண்ணமயமான பலூன்களைக் கொடுக்கிறார்.

Name _______________ 

I Can...

- [ ] read the 1st sentence.
- [ ] read the 2nd sentence.
- [ ] make a sentence from a picture.
- [ ] color a picture.
- [ ] Draw a picture.

The clown is juggling balls for his performance.

கோமாளி தனது நடிப்புக்காக பந்துகளை ஏமாற்றுகிறார்.

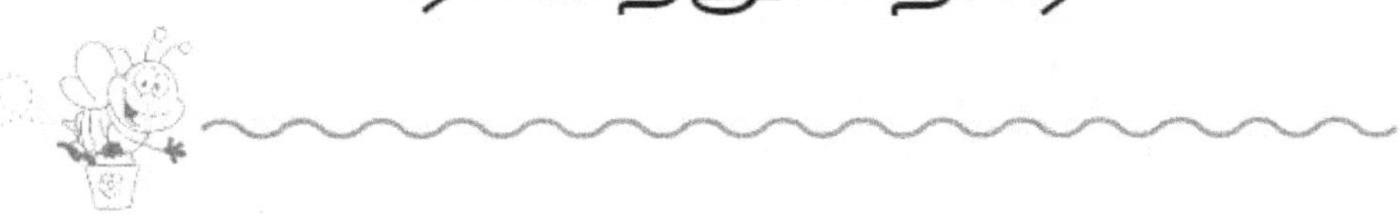

Talented, Mr. Clown is juggling five red balls.

திறமையான, திரு. க்ளோன் ஐந்து சிவப்பு பந்துகளை கையாளுகிறார்.

Name

I Can...

- ☐ read the 1st sentence.
- ☐ read the 2nd sentence.
- ☐ make a sentence from a picture.
- ☐ color a picture.
- ☐ Draw a picture.

The Easter Bunny is going to give out chocolate eggs.

ஈஸ்டர் பன்னி சாக்லேட் முட்டைகளை கொடுக்கப் போகிறார்.

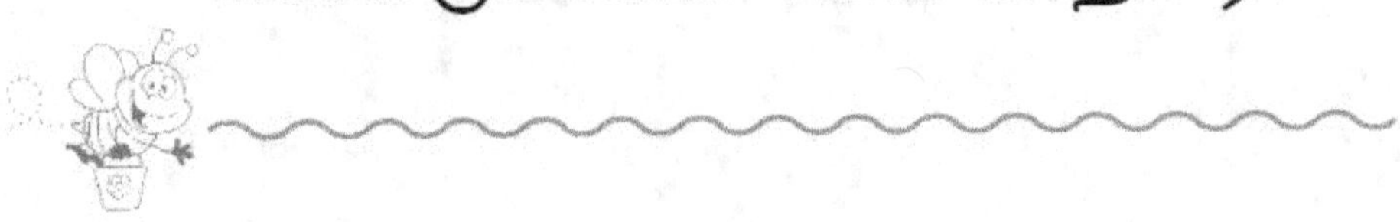

The rabbit goes out to buy more orange carrots.

அதிக ஆரஞ்சு கேரட் வாங்க முயல் வெளியே செல்கிறது.

Name ________________________ 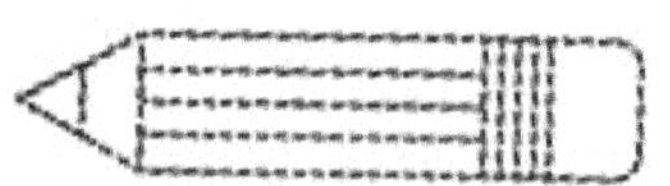

I Can...

- [ ] read the 1st sentence.
- [ ] read the 2nd sentence.
- [ ] make a sentence from a picture.
- [ ] color a picture.
- [ ] Draw a picture.

The pencil is drawing a zig-zag line.

பென்சில் ஒரு ஜிக்-ஜாக் கோட்டை வரைகிறது.

The Pencil is saying hello to you.

பென்சில் உங்களுக்கு வணக்கம் சொல்கிறது.

Name ___________________ 

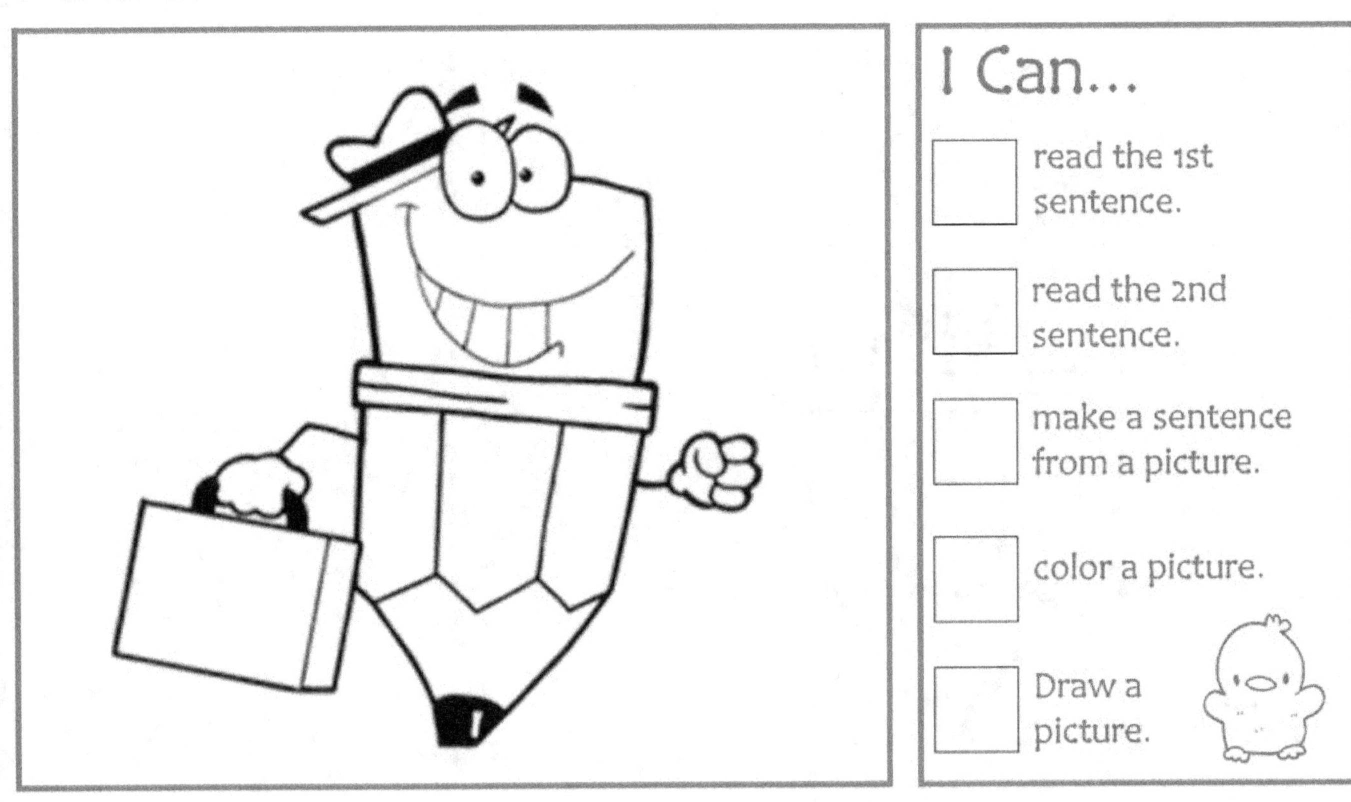

I Can...

- [ ] read the 1st sentence.
- [ ] read the 2nd sentence.
- [ ] make a sentence from a picture.
- [ ] color a picture.
- [ ] Draw a picture.

The pencil put on a big smile and went to work.

பென்சில் ஒரு பெரிய புன்னகையைப் போட்டு வேலைக்குச் சென்றது.

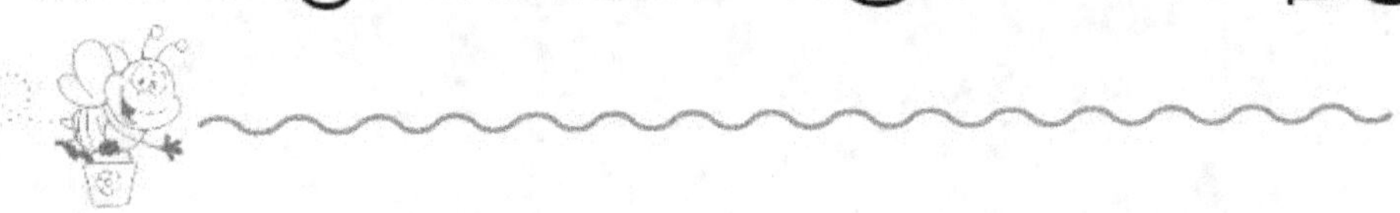

The Pencil is leaving to go on a long relaxing vacation.

பென்சில் ஒரு நீண்ட ஓய்வு விடுமுறைக்கு செல்ல புறப்படுகிறது.

Name 

I Can...

- [ ] read the 1st sentence.
- [ ] read the 2nd sentence.
- [ ] make a sentence from a picture.
- [ ] color a picture.
- [ ] Draw a picture.

This snowman is my friend, and he is a helper of Santa.

இந்த பனிமனிதன் என் நண்பர், அவர் சாந்தாவின் உதவியாளர்.

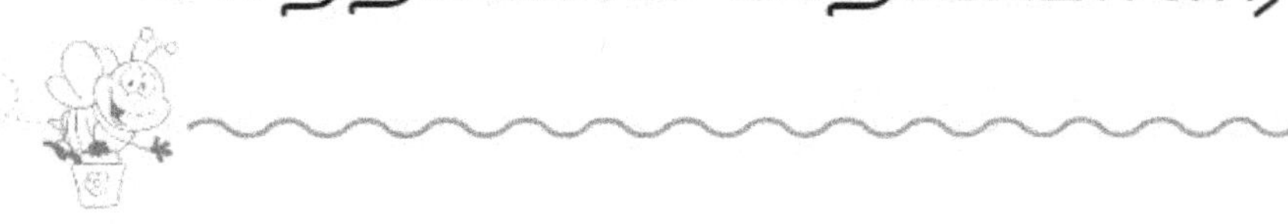

Mr. Snowman is celebrating Christmas by the decorated tree.

திரு ஸ்னோமேன் அலங்கரிக்கப்பட்ட மரத்தால் கிறிஸ்துமஸ் கொண்டாடுகிறார்.

Name

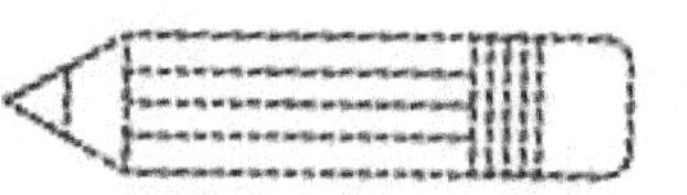

I Can...

- [ ] read the 1st sentence.
- [ ] read the 2nd sentence.
- [ ] make a sentence from a picture.
- [ ] color a picture.
- [ ] Draw a picture.

The octopus is working as a chef and serving food.

ஆக்டோபஸ் ஒரு சமையல்காரராக வேலை செய்து உணவு பரிமாறுகிறது.

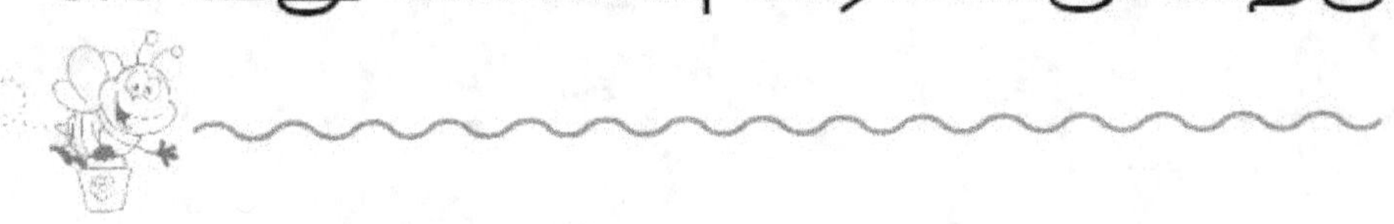

Chef Octopus is serving a delicious turkey dinner.

செஃப் ஆக்டோபஸ் ஒரு சுவையான வான்கோழி இரவு உணவை வழங்குகிறார்.

Name ______________________

I Can...

- [ ] read the 1st sentence.
- [ ] read the 2nd sentence.
- [ ] make a sentence from a picture.
- [ ] color a picture.
- [ ] Draw a picture.

Santa is happy.

சாந்தா மகிழ்ச்சியாக இருக்கிறாள்.

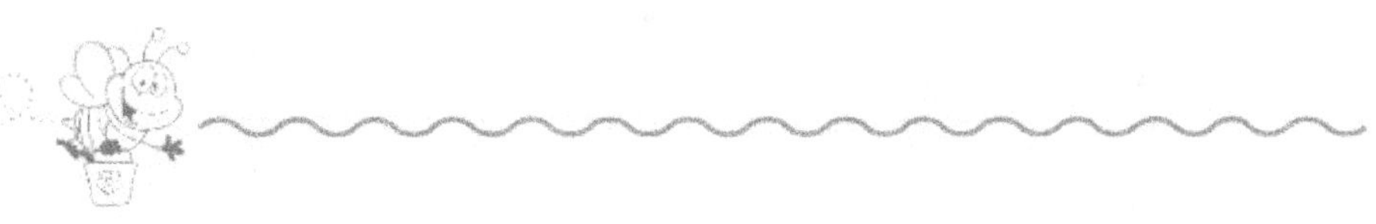

Santa Claus is giving extraordinary presents to excited kids.

உற்சாகமான குழந்தைகளுக்கு சாண்டா கிளாஸ் அசாதாரண பரிசுகளை வழங்குகிறார்.

Name 

I Can...

- ☐ read the 1st sentence.
- ☐ read the 2nd sentence.
- ☐ make a sentence from a picture.
- ☐ color a picture.
- ☐ Draw a picture.

The bear likes to eat sweets.

கரடி இனிப்புகள் சாப்பிட விரும்புகிறது.

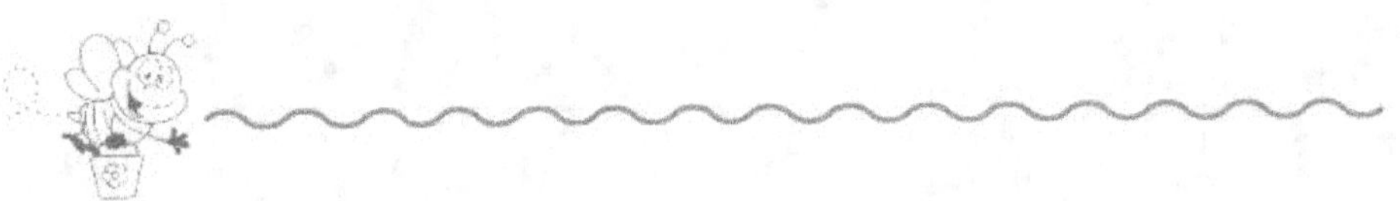

Teddy is licking a red and white candy cane.

டெடி ஒரு சிவப்பு மற்றும் வெள்ளை சாக்லேட் கரும்புகளை நக்குகிறார்.

Name ____________________

I Can...

- [ ] read the 1st sentence.
- [ ] read the 2nd sentence.
- [ ] make a sentence from a picture.
- [ ] color a picture.
- [ ] Draw a picture.

The book has a wand.

புத்தகத்தில் ஒரு மந்திரக்கோலை உள்ளது.

The cereal box got a magician set for Christmas.

தானிய பெட்டியில் கிறிஸ்துமஸுக்கு ஒரு மந்திரவாதி தொகுப்பு கிடைத்தது.

Name

I Can...

- [ ] read the 1st sentence.
- [ ] read the 2nd sentence.
- [ ] make a sentence from a picture.
- [ ] color a picture.
- [ ] Draw a picture.

The bear has a present.

கரடிக்கு ஒரு பரிசு உண்டு.

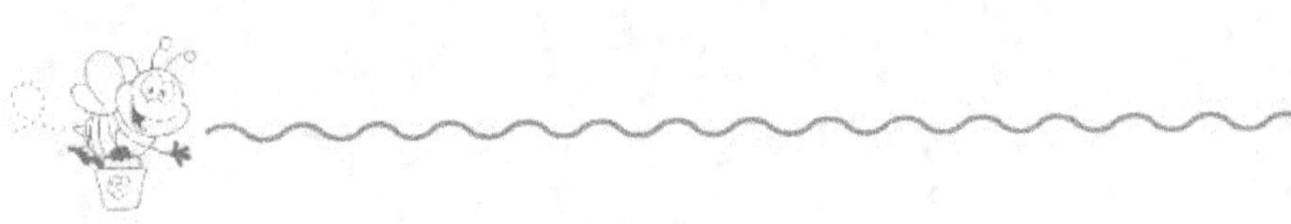

Happy Teddy is opening his box of presents from Santa.

ஹேப்பி டெடி சாண்டாவிடமிருந்து தனது
பரிசுப் பெட்டியைத் திறக்கிறார்.

I Can...

- [ ] read the 1st sentence.
- [ ] read the 2nd sentence.
- [ ] make a sentence from a picture.
- [ ] color a picture.
- [ ] Draw a picture.

Santa is going to give out presents.

சாந்தா பரிசுகளை வழங்கப் போகிறார்.

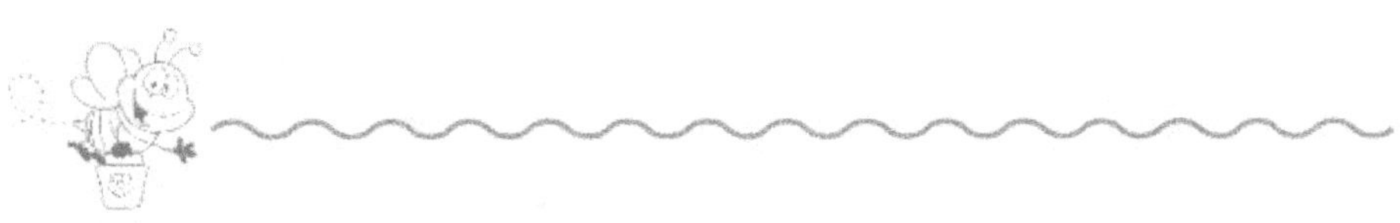

Santa is lugging a large brown bag of gifts to his sley.

சாந்தா தனது ஸ்லீக்கு ஒரு பெரிய பழுப்பு நிற பரிசுகளை எடுத்துச் செல்கிறார்.

Name ____________________________

I Can...

- [ ] read the 1st sentence.
- [ ] read the 2nd sentence.
- [ ] make a sentence from a picture.
- [ ] color a picture.
- [ ] Draw a picture.

I made a snowman.

நான் ஒரு பனிமனிதனை உருவாக்கினேன்.

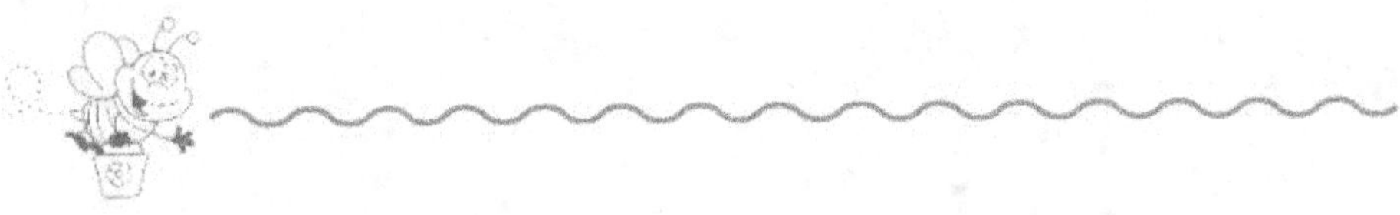

Mr. Snowman is holding a broom and saying goodbye.

திரு. ஸ்னோமேன் ஒரு விளக்குமாறு பிடித்து விடைபெறுகிறார்.

Name

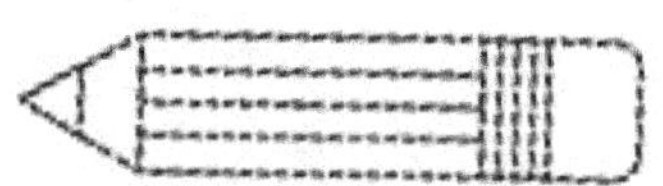

I Can...

- [ ] read the 1st sentence.
- [ ] read the 2nd sentence.
- [ ] make a sentence from a picture.
- [ ] color a picture.
- [ ] Draw a picture.

The parrot is colorful.

கிளி வண்ணமயமானது.

The green parrot came from the forest to the zoo.

பச்சை கிளி காட்டில் இருந்து மிருகக்காட்சிசாலையில் வந்தது.

Name

I Can...

- [ ] read the 1st sentence.
- [ ] read the 2nd sentence.
- [ ] make a sentence from a picture.
- [ ] color a picture.
- [ ] Draw a picture.

There are a lot of animals.

விலங்குகள் நிறைய உள்ளன.

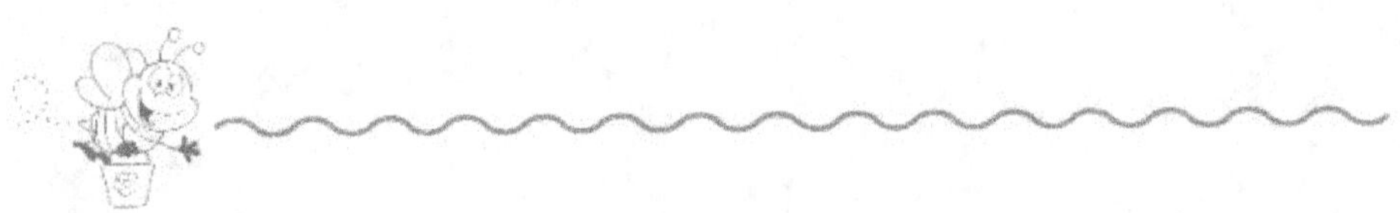

The animals are happy being together again.

விலங்குகள் மீண்டும் ஒன்றாக இருப்பது மகிழ்ச்சியாக உள்ளது.

Name

I Can...

- [ ] read the 1st sentence.
- [ ] read the 2nd sentence.
- [ ] make a sentence from a picture.
- [ ] color a picture.
- [ ] Draw a picture.

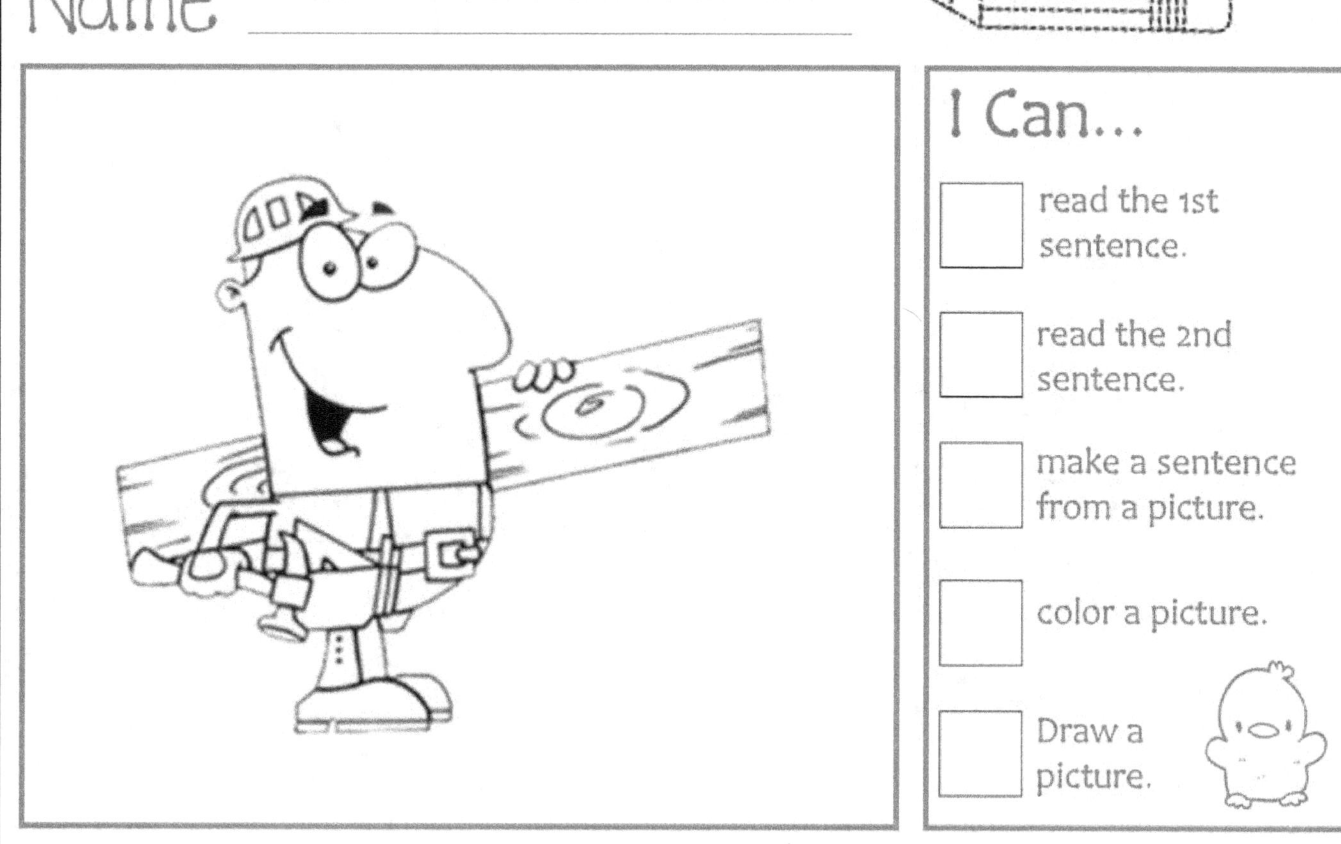

The man is wearing a belt.

மனிதன் பெல்ட் அணிந்திருக்கிறான்.

The carpenter is fixing something.

தச்சன் எதையாவது சரிசெய்கிறான்.

I Can...

- [ ] read the 1st sentence.
- [ ] read the 2nd sentence.
- [ ] make a sentence from a picture.
- [ ] color a picture.
- [ ] Draw a picture.

The rabbit is very young.

முயல் மிகவும் இளமையானது.

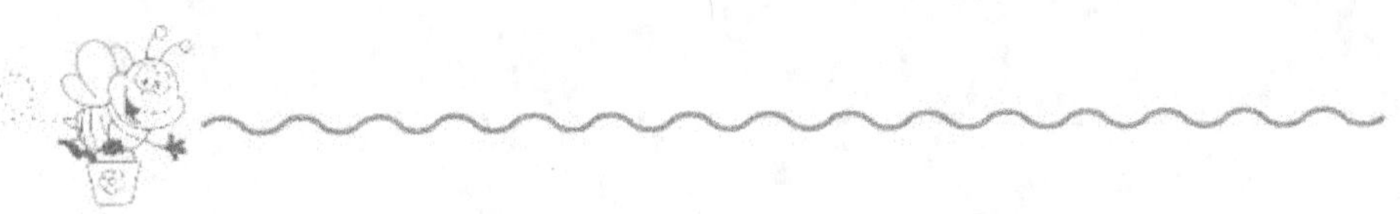

The magician plays a trick.

மந்திரவாதி ஒரு தந்திரத்தை வகிக்கிறார்.

Name

I Can...

- [ ] read the 1st sentence.
- [ ] read the 2nd sentence.
- [ ] make a sentence from a picture.
- [ ] color a picture.
- [ ] Draw a picture.

He has a potion.

அவருக்கு ஒரு போஷன் உள்ளது.

The scientist is making a potion.

விஞ்ஞானி ஒரு போஷன் தயாரிக்கிறார்.

Name

I Can...

- [ ] read the 1st sentence.
- [ ] read the 2nd sentence.
- [ ] make a sentence from a picture.
- [ ] color a picture.
- [ ] Draw a picture.

He is wearing sunglasses.

அவர் சன்கிளாசஸ் அணிந்துள்ளார்.

The policeman is mad.

போலீஸ்காரருக்கு பைத்தியம்.

I Can...

- [ ] read the 1st sentence.
- [ ] read the 2nd sentence.
- [ ] make a sentence from a picture.
- [ ] color a picture.
- [ ] Draw a picture.

He has a bucket of paint.

அவரிடம் ஒரு வாளி வண்ணப்பூச்சு உள்ளது.

He likes to paint.

அவர் வண்ணம் தீட்ட விரும்புகிறார்.

Name

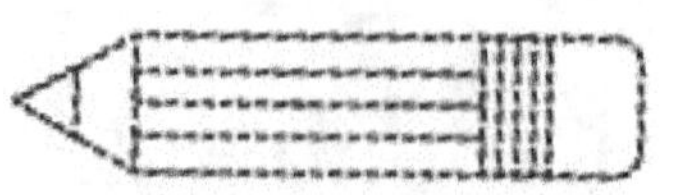

I Can...

- [ ] read the 1st sentence.
- [ ] read the 2nd sentence.
- [ ] make a sentence from a picture.
- [ ] color a picture.
- [ ] Draw a picture.

The man has a hat.

மனிதனுக்கு ஒரு தொப்பி உள்ளது.

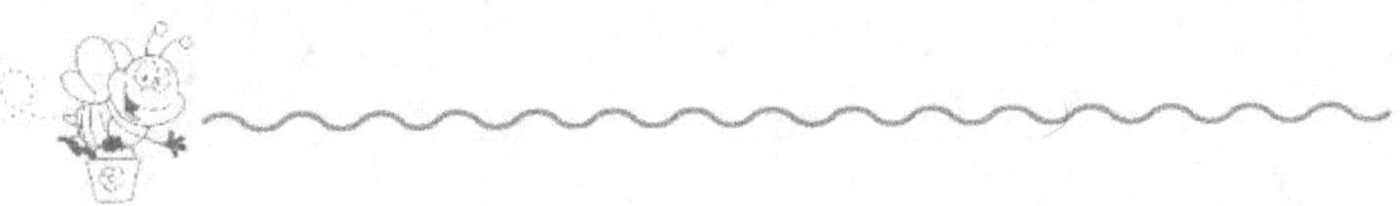

The postman is giving out the mail in the early morning.

தபால்காரர் அதிகாலையில் அஞ்சலைக் கொடுக்கிறார்.

Name

I Can...

- ☐ read the 1st sentence.
- ☐ read the 2nd sentence.
- ☐ make a sentence from a picture.
- ☐ color a picture.
- ☐ Draw a picture.

He has a walkie talkie.

அவரிடம் வாக்கி டாக்கி உள்ளது.

He is going to work with his suitcase.

அவர் தனது சூட்கேஸுடன் வேலை செய்யப் போகிறார்.

Name _______________ 

I Can...

- [ ] read the 1st sentence.
- [ ] read the 2nd sentence.
- [ ] make a sentence from a picture.
- [ ] color a picture.
- [ ] Draw a picture.

He is sleepy.

அவர் தூக்கத்தில் இருக்கிறார்.

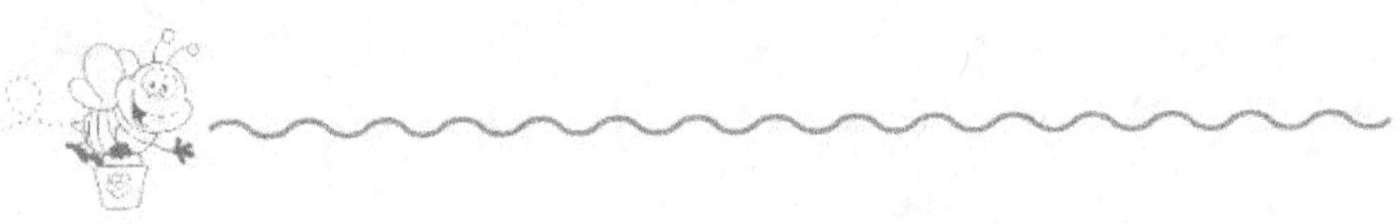

The delivery man sent us a package.

டெலிவரி மேன் எங்களுக்கு ஒரு பொதி அனுப்பினார்.

Name

I Can...

- read the 1st sentence.
- read the 2nd sentence.
- make a sentence from a picture.
- color a picture.
- Draw a picture.

He is wearing a bowtie.

அவர் ஒரு போட்டி அணிந்துள்ளார்.

The waiter is serving juice.

பணியாளர் சாறு பரிமாறுகிறார்.

Name ___________________ 

I Can...

- [ ] read the 1st sentence.
- [ ] read the 2nd sentence.
- [ ] make a sentence from a picture.
- [ ] color a picture.
- [ ] Draw a picture.

He has a suitcase.

அவரிடம் சூட்கேஸ் உள்ளது.

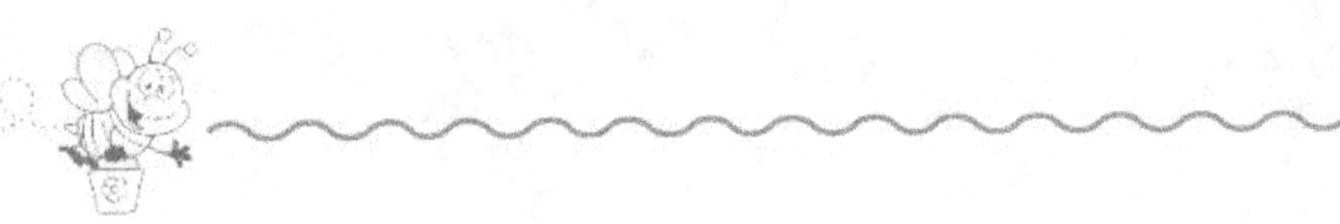

The engineer is holding a wrench.

பொறியாளர் ஒரு குறடு வைத்திருக்கிறார்.

Name

I Can...

- [ ] read the 1st sentence.
- [ ] read the 2nd sentence.
- [ ] make a sentence from a picture.
- [ ] color a picture.
- [ ] Draw a picture.

The chef has a napkin.

சமையல்காரருக்கு ஒரு துடைக்கும்.

The chef serves delicious-looking food.

சமையல்காரர் சுவையான தோற்றமுடைய உணவை வழங்குகிறார்.

Name

I Can...

- [ ] read the 1st sentence.
- [ ] read the 2nd sentence.
- [ ] make a sentence from a picture.
- [ ] color a picture.
- [ ] Draw a picture.

The rooster has a big beak.

சேவல் ஒரு பெரிய கொக்கு உள்ளது.

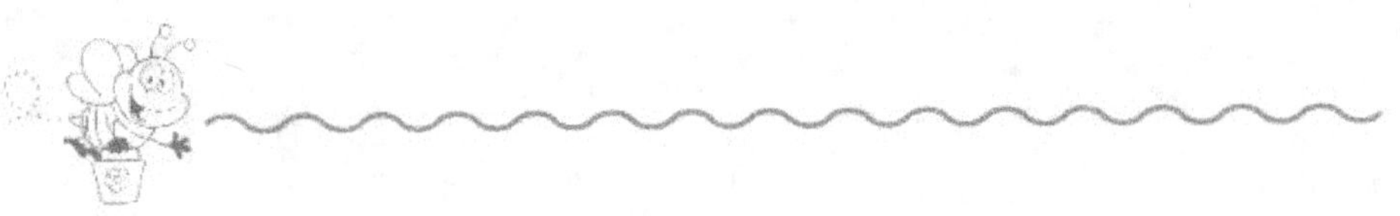

The chicken is saying hello to us.

கோழி எங்களுக்கு வணக்கம் சொல்கிறது.

Name

I Can...

- [ ] read the 1st sentence.
- [ ] read the 2nd sentence.
- [ ] make a sentence from a picture.
- [ ] color a picture.
- [ ] Draw a picture.

The bird is small.

பறவை சிறியது.

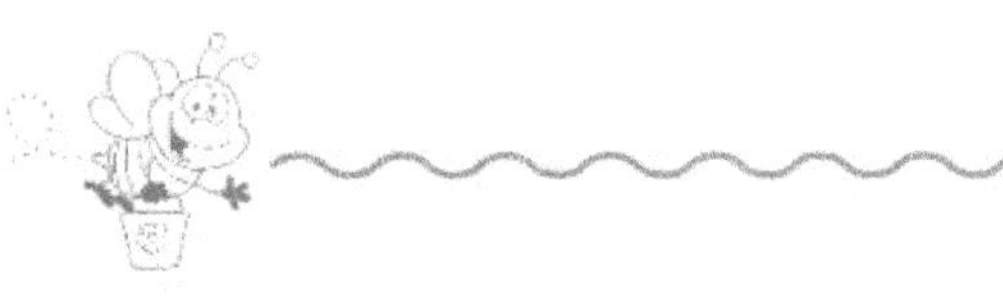

The chick is on the telephone talking with his friend.

குஞ்சு தனது நண்பருடன் தொலைபேசியில் பேசுகிறது.

Name ___________________

I Can...

- [ ] read the 1st sentence.
- [ ] read the 2nd sentence.
- [ ] make a sentence from a picture.
- [ ] color a picture.
- [ ] Draw a picture.

That is my ring.

அது என் மோதிரம்.

That is a beautiful ring.

அது ஒரு அழகான மோதிரம்.

I Can...

- [ ] read the 1st sentence.
- [ ] read the 2nd sentence.
- [ ] make a sentence from a picture.
- [ ] color a picture.
- [ ] Draw a picture.

The duck has three eggs.

வாத்துக்கு மூன்று முட்டைகள் உள்ளன.

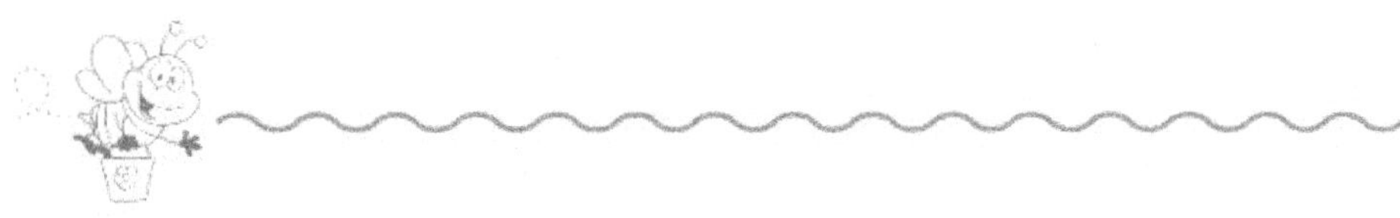

The duck has a big nose.

வாத்து ஒரு பெரிய மூக்கு உள்ளது.

Name

I Can...

- [ ] read the 1st sentence.
- [ ] read the 2nd sentence.
- [ ] make a sentence from a picture.
- [ ] color a picture.
- [ ] Draw a picture.

The swan is beautiful.

ஸ்வான் அழகாக இருக்கிறது.

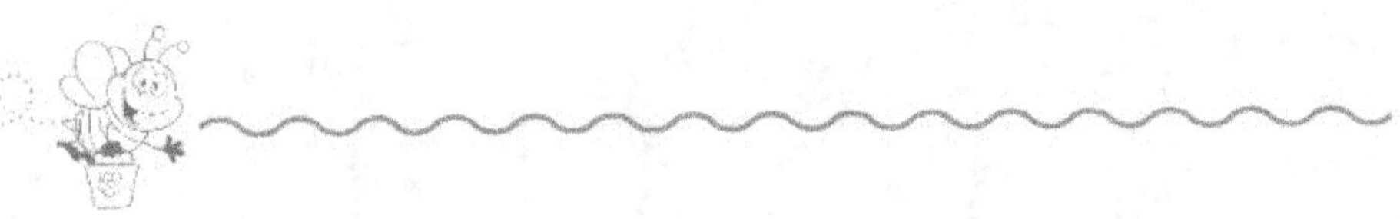

The graceful swan is striding through the water.

அழகிய ஸ்வான் தண்ணீரைக் கடந்து செல்கிறது.

Name

I Can...

- [ ] read the 1st sentence.
- [ ] read the 2nd sentence.
- [ ] make a sentence from a picture.
- [ ] color a picture.
- [ ] Draw a picture.

The girl is wearing a dress.

சிறுமி ஒரு ஆடை அணிந்திருக்கிறாள்.

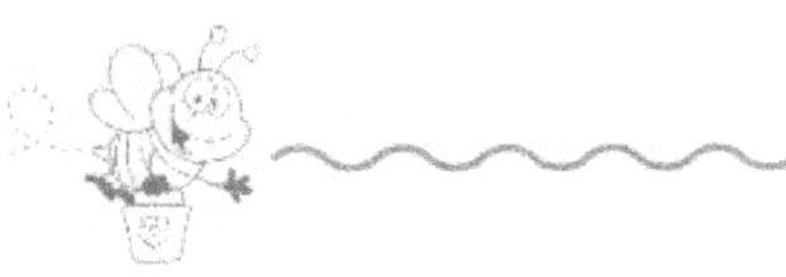

The maid is cleaning our room.

வேலைக்காரி எங்கள் அறையை சுத்தம் செய்கிறாள்.

Name

I Can...

- [ ] read the 1st sentence.
- [ ] read the 2nd sentence.
- [ ] make a sentence from a picture.
- [ ] color a picture.
- [ ] Draw a picture.

The boy is running.

பையன் ஓடுகிறான்.

The little boy was running.

சிறு பையன் ஓடிக்கொண்டிருந்தான்.

Name

I Can...

- [ ] read the 1st sentence.
- [ ] read the 2nd sentence.
- [ ] make a sentence from a picture.
- [ ] color a picture.
- [ ] Draw a picture.

He is a musician.

அவர் ஒரு இசைக்கலைஞர்.

He is playing a lively tune on his flute.

அவர் தனது புல்லாங்குழலில் ஒரு கலகலப்பான ட்யூன் வாசிக்கிறார்.

Name 

I Can...

- [ ] read the 1st sentence.
- [ ] read the 2nd sentence.
- [ ] make a sentence from a picture.
- [ ] color a picture.
- [ ] Draw a picture.

He looks joyful.

அவர் மகிழ்ச்சியாகத் தெரிகிறார்.

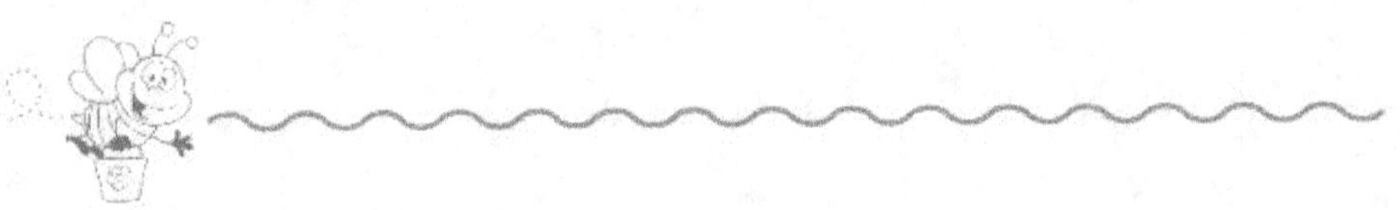

That boy works in a band and plays the drum.

அந்த சிறுவன் ஒரு இசைக்குழுவில் வேலை செய்து டிரம் வாசிப்பான்.

I Can...

- [ ] read the 1st sentence.
- [ ] read the 2nd sentence.
- [ ] make a sentence from a picture.
- [ ] color a picture.
- [ ] Draw a picture.

The dinosaur is a rock star.

டைனோசர் ஒரு ராக் ஸ்டார்.

The dragon is playing the guitar.

டிராகன் கிதார் வாசிக்கிறது.

Name

I Can...

- ☐ read the 1st sentence.
- ☐ read the 2nd sentence.
- ☐ make a sentence from a picture.
- ☐ color a picture.
- ☐ Draw a picture.

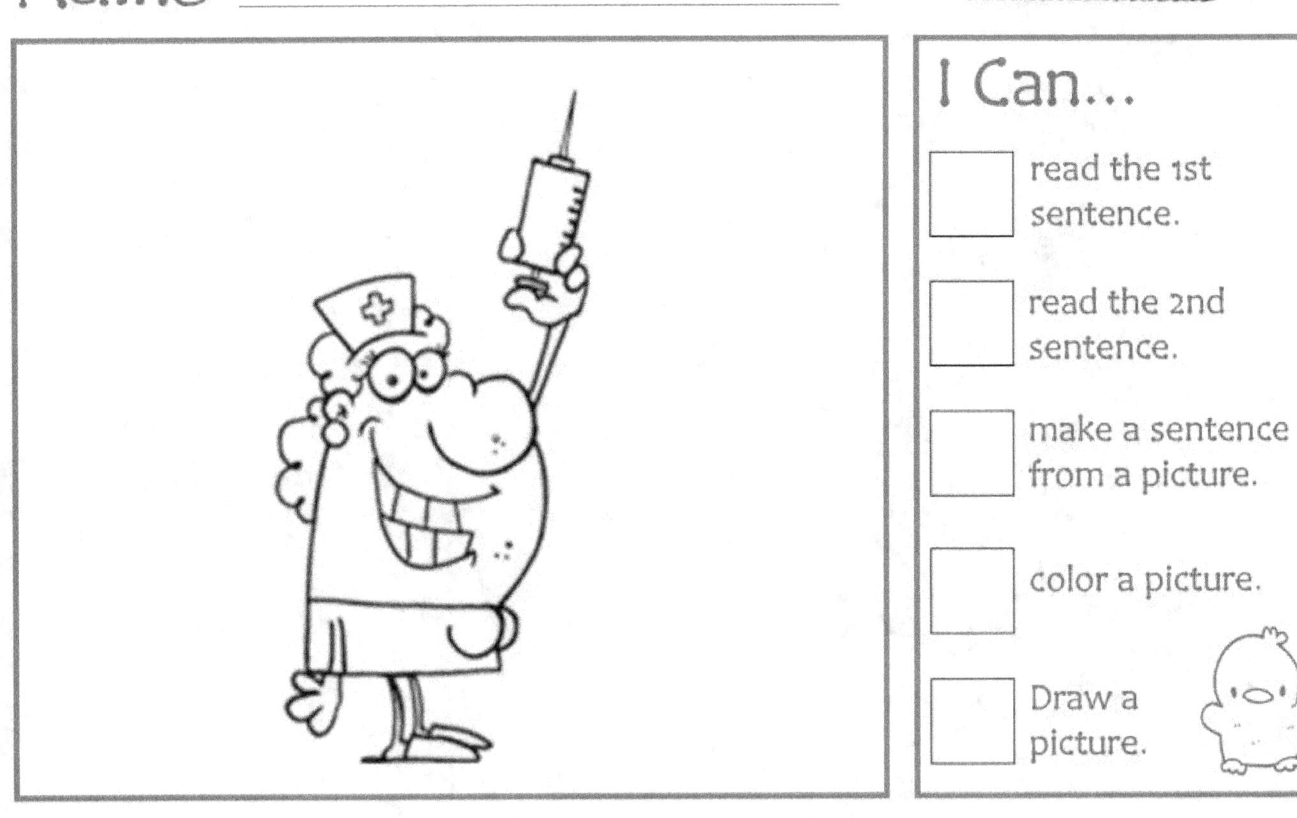

The nurse helps the doctor.

செவிலியர் மருத்துவருக்கு உதவுகிறார்.

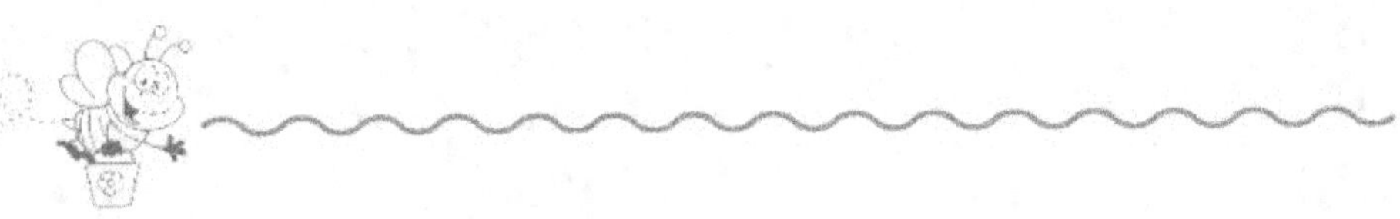

The nurse looks scary, holding a syringe.

ஒரு சிரிஞ்சைப் பிடித்துக் கொண்டு
செவிலியர் பயமாகத் தெரிகிறார்.

Name

I Can...

- [ ] read the 1st sentence.
- [ ] read the 2nd sentence.
- [ ] make a sentence from a picture.
- [ ] color a picture.
- [ ] Draw a picture.

She is wearing a crown.

அவள் கிரீடம் அணிந்திருக்கிறாள்.

The queen bee has a beautiful wand.

ராணி தேனீ ஒரு அழகான மந்திரக்கோலைக் கொண்டுள்ளது.

Name _______________________

I Can...

- [ ] read the 1st sentence.
- [ ] read the 2nd sentence.
- [ ] make a sentence from a picture.
- [ ] color a picture.
- [ ] Draw a picture.

It is orange and black.

இது ஆரஞ்சு மற்றும் கருப்பு.

The tiger is wearing a bow on its neck.

புலி கழுத்தில் வில் அணிந்திருக்கிறது.

Name

I Can...

- [ ] read the 1st sentence.
- [ ] read the 2nd sentence.
- [ ] make a sentence from a picture.
- [ ] color a picture.
- [ ] Draw a picture.

The boy is carrying a lot of books.

சிறுவன் நிறைய புத்தகங்களை சுமந்து செல்கிறான்.

The boy is carrying so many books!

பையன் இவ்வளவு புத்தகங்களை சுமந்து செல்கிறான்!

Name ______________________

I Can...

- [ ] read the 1st sentence.
- [ ] read the 2nd sentence.
- [ ] make a sentence from a picture.
- [ ] color a picture.
- [ ] Draw a picture.

The pizza looks delicious.

பீஸ்ஸா சுவையாக தெரிகிறது.

The waiter is serving steaming hot pizza.

பணியாளர் சூடான பீஸ்ஸாவை வேகவைக்கிறார்.

Name

I Can...

- [ ] read the 1st sentence.
- [ ] read the 2nd sentence.
- [ ] make a sentence from a picture.
- [ ] color a picture.
- [ ] Draw a picture.

That is my dad's computer.

அது என் அப்பாவின் கணினி.

My dad works on the computer.

என் அப்பா கணினியில் வேலை செய்கிறார்.

Name

I Can...

- [ ] read the 1st sentence.
- [ ] read the 2nd sentence.
- [ ] make a sentence from a picture.
- [ ] color a picture.
- [ ] Draw a picture.

The farmer has a beard.

விவசாயிக்கு தாடி உள்ளது.

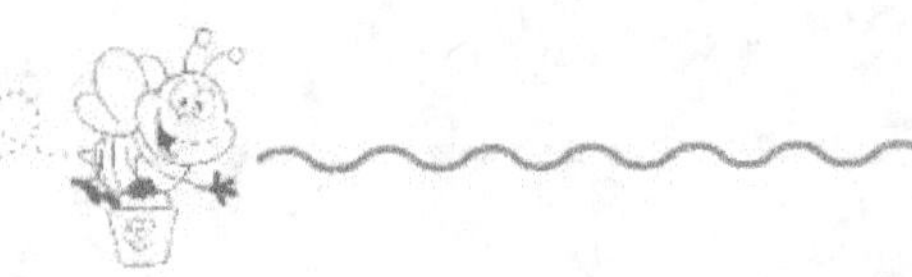

The gardener is going to plant flowers

தோட்டக்காரர் பூக்களை நடவு செய்யப் போகிறார்

Name ____________________

I Can...

- [ ] read the 1st sentence.
- [ ] read the 2nd sentence.
- [ ] make a sentence from a picture.
- [ ] color a picture.
- [ ] Draw a picture.

The strawberry is red.

ஸ்ட்ராபெரி சிவப்பு.

I love to drink strawberry juice.

நான் ஸ்ட்ராபெரி ஜூஸ் குடிக்க விரும்புகிறேன்.

Name

I Can...

- [ ] read the 1st sentence.
- [ ] read the 2nd sentence.
- [ ] make a sentence from a picture.
- [ ] color a picture.
- [ ] Draw a picture.

The magician has a wand.

மந்திரவாதிக்கு ஒரு மந்திரக்கோலை உள்ளது.

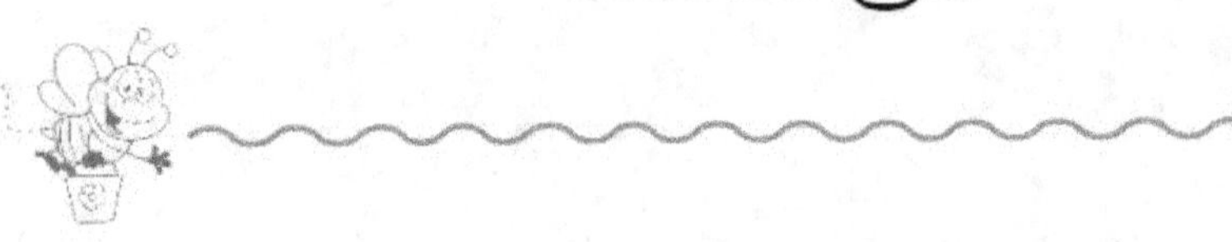

The wizard likes to work with magic.

மந்திரவாதி மந்திரத்துடன் வேலை செய்ய விரும்புகிறார்.

I Can...

- [ ] read the 1st sentence.
- [ ] read the 2nd sentence.
- [ ] make a sentence from a picture.
- [ ] color a picture.
- [ ] Draw a picture.

Reindeer has a scarf.

கலைமான் ஒரு தாவணியைக் கொண்டுள்ளது.

Santa gave reindeer a big present.

சாண்டா கலைமான் ஒரு பெரிய பரிசைக் கொடுத்தார்.

Name _______________________

I Can...

- [ ] read the 1st sentence.
- [ ] read the 2nd sentence.
- [ ] make a sentence from a picture.
- [ ] color a picture.
- [ ] Draw a picture.

I have a lot of pencils.

என்னிடம் நிறைய பென்சில்கள் உள்ளன.

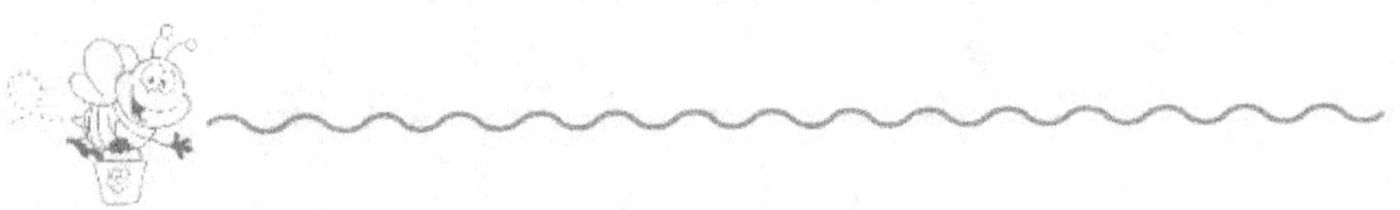

I have a lot of brushes and pencils.

என்னிடம் நிறைய தூரிகைகள் மற்றும் பென்சில்கள் உள்ளன.

Name

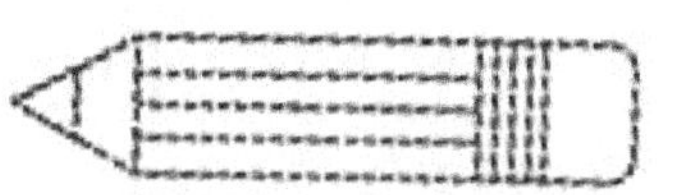

I Can...

- [ ] read the 1st sentence.
- [ ] read the 2nd sentence.
- [ ] make a sentence from a picture.
- [ ] color a picture.
- [ ] Draw a picture.

Santa is fat.

சாந்தா கொழுப்பு.

Santa is having fun.

சாந்தா வேடிக்கையாக இருக்கிறாள்.

Name

I Can...

- [ ] read the 1st sentence.
- [ ] read the 2nd sentence.
- [ ] make a sentence from a picture.
- [ ] color a picture.
- [ ] Draw a picture.

I have one nose.

எனக்கு ஒரு மூக்கு இருக்கிறது.

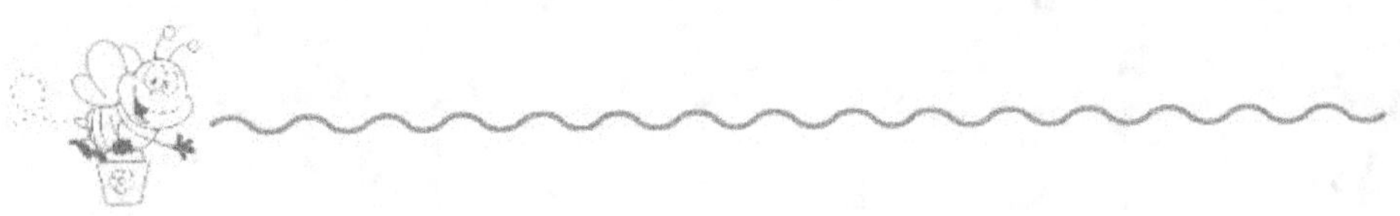

The one is saying its name.

ஒருவர் அதன் பெயரைச் சொல்கிறார்.

Name

I Can...

- [ ] read the 1st sentence.
- [ ] read the 2nd sentence.
- [ ] make a sentence from a picture.
- [ ] color a picture.
- [ ] Draw a picture.

I have two ears.

எனக்கு இரண்டு காதுகள் உள்ளன.

The number "two" is holding up bunny ears.

இரண்டு எண் பன்னி காதுகளைப் பிடித்துக் கொண்டிருக்கிறது.

Name _______________________

I Can...

- [ ] read the 1st sentence.
- [ ] read the 2nd sentence.
- [ ] make a sentence from a picture.
- [ ] color a picture.
- [ ] Draw a picture.

I have three buttons on my dress.

எனது உடையில் மூன்று பொத்தான்கள் உள்ளன.

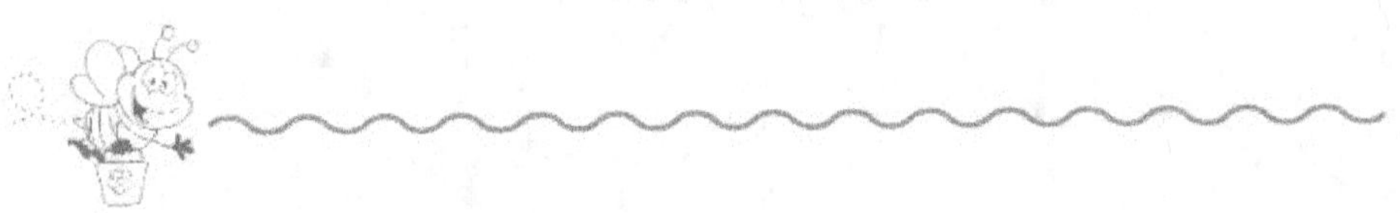

The number "three" is saying you got 3 out of 3.

மூன்று என்ற எண் உங்களுக்கு 3 இல் 3 கிடைத்தது என்று கூறுகிறது.

Name ______________________

I Can...

- [ ] read the 1st sentence.
- [ ] read the 2nd sentence.
- [ ] make a sentence from a picture.
- [ ] color a picture.
- [ ] Draw a picture.

I have 0 tails.

எனக்கு 0 வால்கள் உள்ளன.

 ~~~~~~~~~~~~~~~~~~~~~~~~~~~~

The number "zero" is saying, Ok.

பூஜ்ஜியம் என்ற எண் சரி என்று கூறுகிறது.

Name _______________________ 

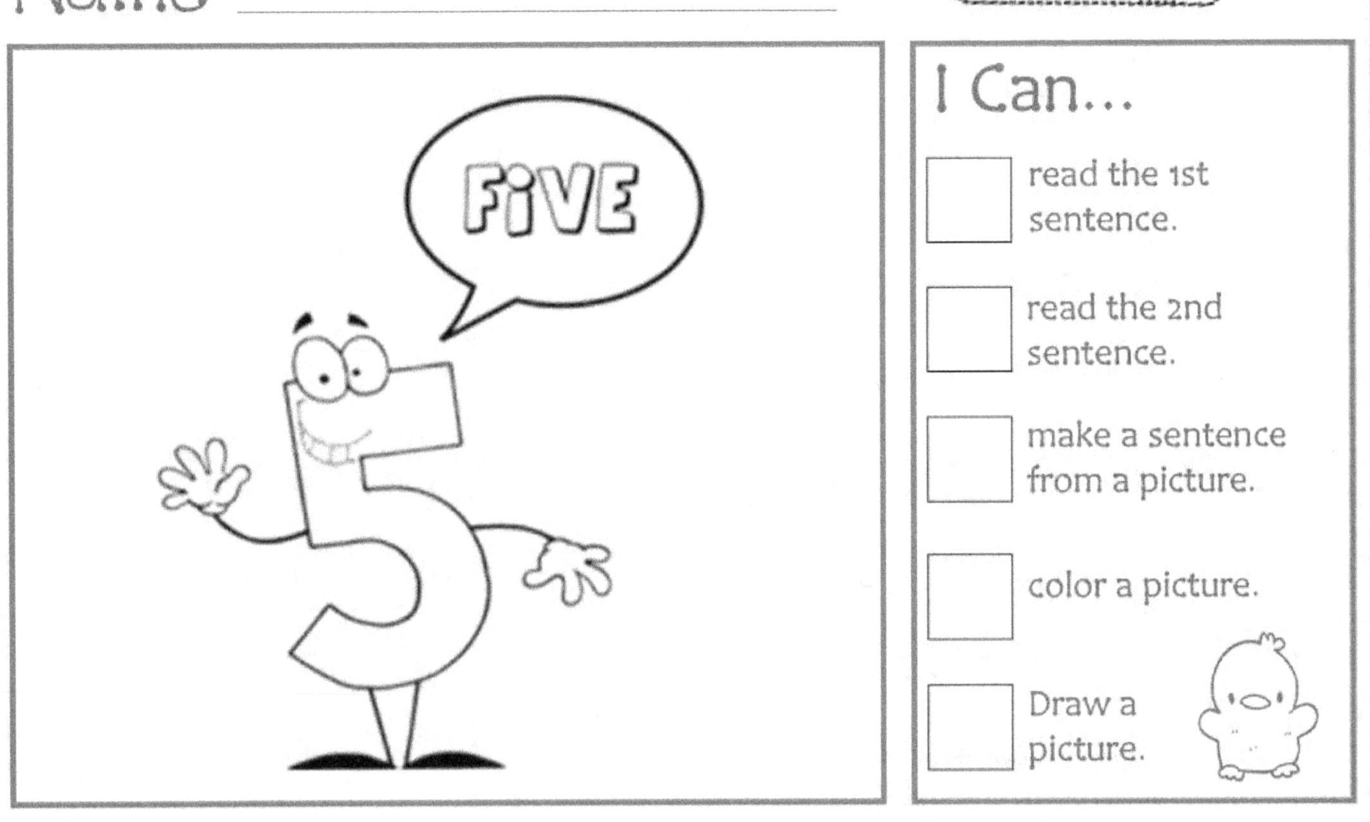

I Can...

- [ ] read the 1st sentence.
- [ ] read the 2nd sentence.
- [ ] make a sentence from a picture.
- [ ] color a picture.
- [ ] Draw a picture.

I have five fingers on 1 of my hands.

என் கைகளில் 1 விரல்களில் ஐந்து விரல்கள் உள்ளன.

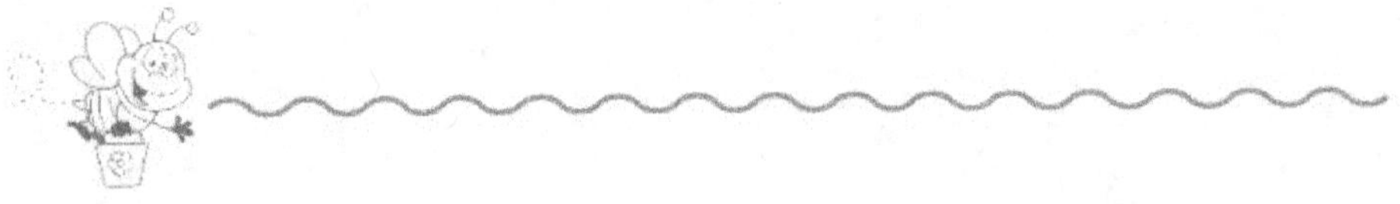

The number "five" is trying to give you a high five.

ஐந்து என்ற எண் உங்களுக்கு உயர் ஐந்தைக் கொடுக்க முயற்சிக்கிறது.

I Can...

- [ ] read the 1st sentence.
- [ ] read the 2nd sentence.
- [ ] make a sentence from a picture.
- [ ] color a picture.
- [ ] Draw a picture.

My cat has four legs.

என் பூனைக்கு நான்கு கால்கள் உள்ளன.

The number "four" is counting to four.

நான்கு என் நான்கு என்று எண்ணப்படுகிறது.

Name

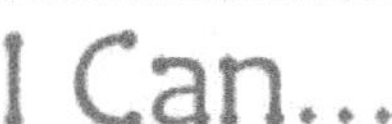

I Can...

- [ ] read the 1st sentence.
- [ ] read the 2nd sentence.
- [ ] make a sentence from a picture.
- [ ] color a picture.
- [ ] Draw a picture.

A butterfly has six legs.

ஒரு பட்டாம்பூச்சிக்கு ஆறு கால்கள் உள்ளன.

The number "six" is saying 1+5=6.

ஆறு எண் 1 + 5 = 6 என்று கூறுகிறது.

Name

I Can...

- [ ] read the 1st sentence.
- [ ] read the 2nd sentence.
- [ ] make a sentence from a picture.
- [ ] color a picture.
- [ ] Draw a picture.

A spider has eight legs.

ஒரு சிலந்திக்கு எட்டு கால்கள் உள்ளன.

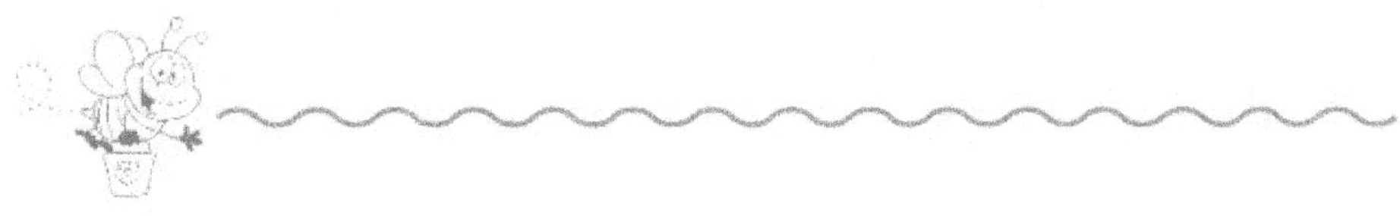

The happy and excited eight is holding up eight fingers

மகிழ்ச்சியான மற்றும் உற்சாகமான எட்டு
எட்டு விரல்களைப் பிடித்துக்
கொண்டிருக்கிறது

Name ____________________

I Can...

- ☐ read the 1st sentence.
- ☐ read the 2nd sentence.
- ☐ make a sentence from a picture.
- ☐ color a picture.
- ☐ Draw a picture.

The rooster is going to wake people up.

சேவல் மக்களை எழுப்பப் போகிறது.

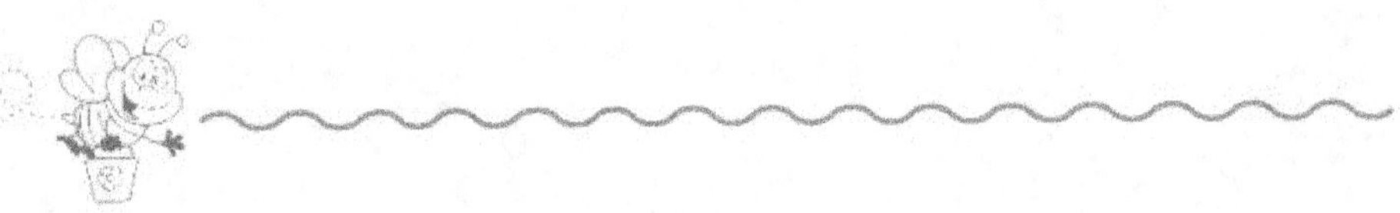

The rooster is on the fence.

சேவல் வேலியில் உள்ளது.

I Can...

- [ ] read the 1st sentence.
- [ ] read the 2nd sentence.
- [ ] make a sentence from a picture.
- [ ] color a picture.
- [ ] Draw a picture.

My sister has nine stuffed animals.

என் சகோதரிக்கு ஒன்பது அடைத்த விலங்குகள் உள்ளன.

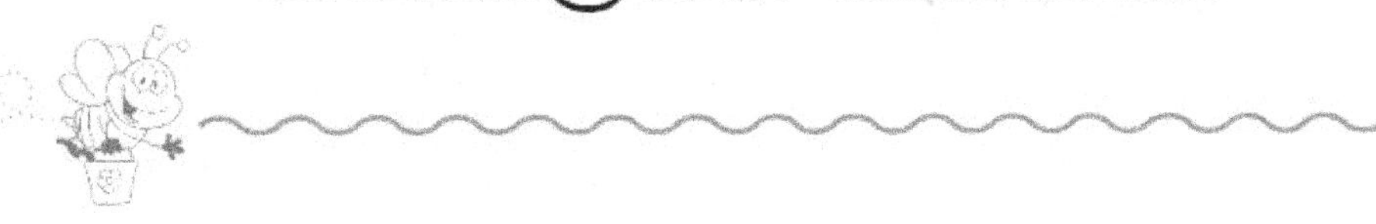

The smiling number nine is saying its name out loud.

சிரிக்கும் என் ஒன்பது அதன் பெயரை சத்தமாக சொல்கிறது.

Name

I Can...

- [ ] read the 1st sentence.
- [ ] read the 2nd sentence.
- [ ] make a sentence from a picture.
- [ ] color a picture.
- [ ] Draw a picture.

The baby bee has yellow and black stripes.

குழந்தை தேனீக்கு மஞ்சள் மற்றும் கருப்பு கோடுகள் உள்ளன.

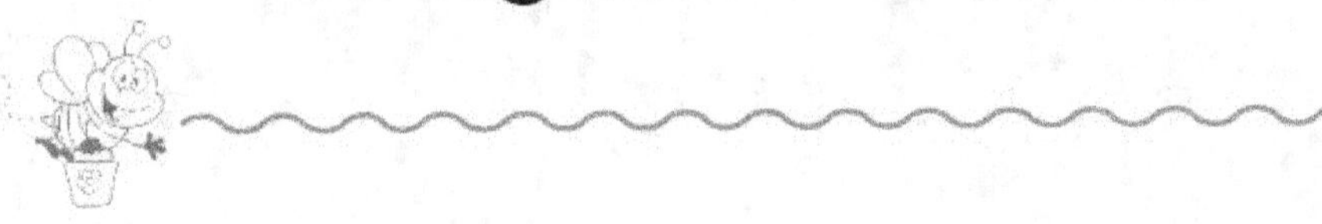

The bee is wearing a pink pacifier to calm itself.

தேனீ தன்னை அமைதிப்படுத்த ஒரு இளஞ்சிவப்பு அமைதிப்படுத்தி அணிந்துள்ளார்.

Name ______________________________

I Can...

- [ ] read the 1st sentence.
- [ ] read the 2nd sentence.
- [ ] make a sentence from a picture.
- [ ] color a picture.
- [ ] Draw a picture.

The ladybug has many spots.

லேடிபக்கில் பல புள்ளிகள் உள்ளன.

The red and black ladybug is just done eating some leaves.

சிவப்பு மற்றும் கருப்பு லேடிபக் சில இலைகளை சாப்பிட்டு முடிக்கப்படுகிறது.

Name ___________________

I Can...

- [ ] read the 1st sentence.
- [ ] read the 2nd sentence.
- [ ] make a sentence from a picture.
- [ ] color a picture.
- [ ] Draw a picture.

The sheep are skinny.

ஆடுகள் ஒல்லியாக இருக்கின்றன.

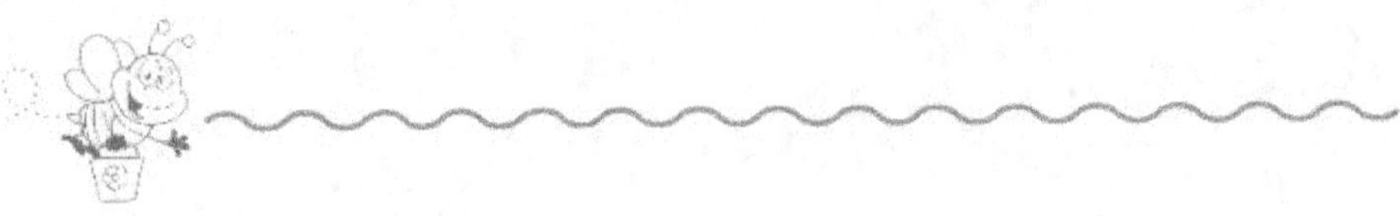

The white sheep have a lot of fluffy white wool to give away.

வெள்ளை ஆடுகளுக்கு கொடுக்க நிறைய பஞ்சுபோன்ற வெள்ளை கம்பளி உள்ளது.

Name

I Can...

- [ ] read the 1st sentence.
- [ ] read the 2nd sentence.
- [ ] make a sentence from a picture.
- [ ] color a picture.
- [ ] Draw a picture.

The rabbit is entering an egg painting contest.

முயல் ஒரு முட்டை ஓவியம் போட்டியில் நுழைகிறது.

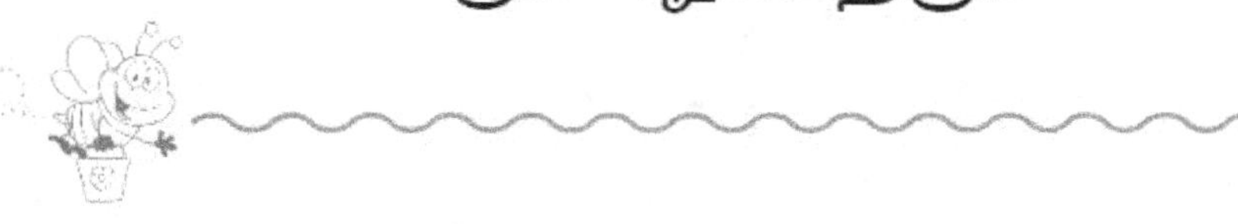

The Easter Bunny is painting a chocolate egg.

ஈஸ்டர் பன்னி ஒரு சாக்லேட் முட்டையை வரைகிறார்.

Name ____________________ 

I Can...

- ☐ read the 1st sentence.
- ☐ read the 2nd sentence.
- ☐ make a sentence from a picture.
- ☐ color a picture.
- ☐ Draw a picture.

The owl is a language arts teacher.

ஆந்தை ஒரு மொழி கலை ஆசிரியர்.

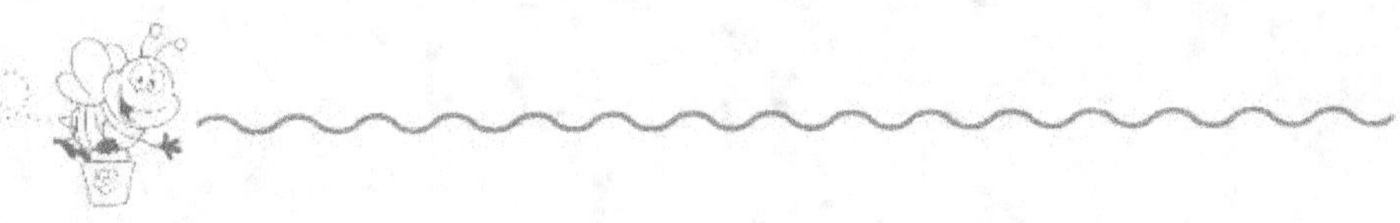

An owl is teaching the kids in school about work.

ஒரு ஆந்தை பள்ளியில் உள்ள குழந்தைகளுக்கு வேலை பற்றி கற்பிக்கிறது.

I Can...

- [ ] read the 1st sentence.
- [ ] read the 2nd sentence.
- [ ] make a sentence from a picture.
- [ ] color a picture.
- [ ] Draw a picture.

The man has an ancient hammer.

மனிதனுக்கு ஒரு பழங்கால சுத்தி உள்ளது.

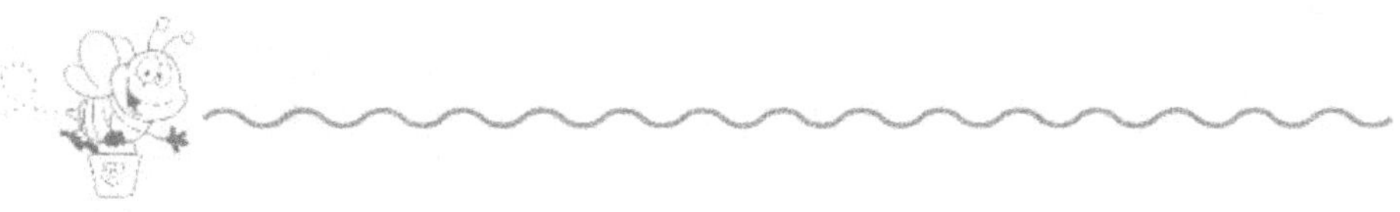

The builder man has gone to work on a project.

பில்டர் மேன் ஒரு திட்டத்தில் வேலைக்குச் சென்றுள்ளார்.

Name ____________________

I Can...

- [ ] read the 1st sentence.
- [ ] read the 2nd sentence.
- [ ] make a sentence from a picture.
- [ ] color a picture.
- [ ] Draw a picture.

The goat has a friend.

ஆட்டுக்கு ஒரு நண்பர் இருக்கிறார்.

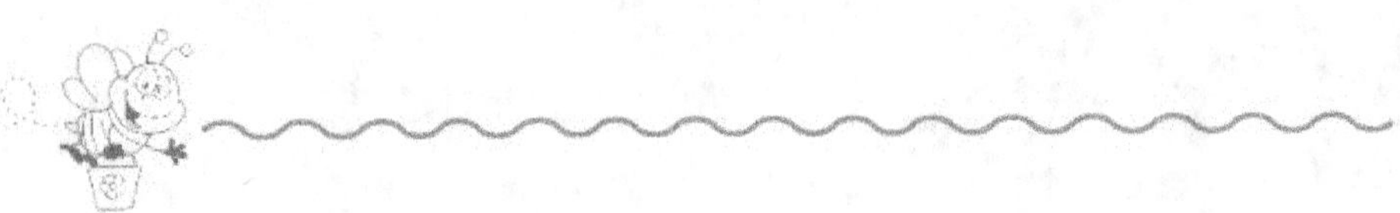

The old goat is proud of its golden bell.

பழைய ஆடு அதன் தங்க மணியைப் பற்றி பெருமிதம் கொள்கிறது.

I Can...

- [ ] read the 1st sentence.
- [ ] read the 2nd sentence.
- [ ] make a sentence from a picture.
- [ ] color a picture.
- [ ] Draw a picture.

My mom's friend is a maid.

என் அம்மாவின் நண்பர் ஒரு வேலைக்காரி.

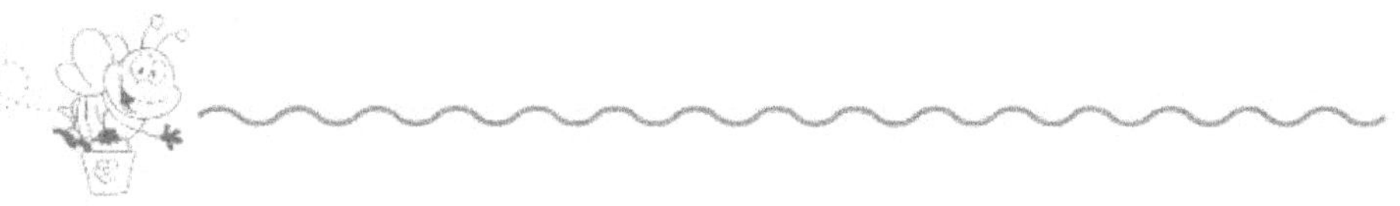

The maid is going to clean the hotel room.

வேலைக்காரி ஹோட்டல் அறையை சுத்தம் செய்யப் போகிறாள்.

Name ___________

I Can...

- [ ] read the 1st sentence.
- [ ] read the 2nd sentence.
- [ ] make a sentence from a picture.
- [ ] color a picture.
- [ ] Draw a picture.

I went to the zoo.

நான் மிருகக்காட்சிசாலையில் சென்றேன்.

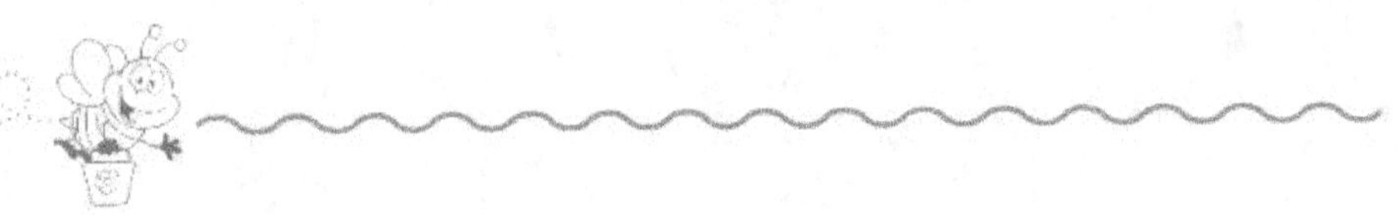

The animals are having a big celebration.

விலங்குகள் ஒரு பெரிய கொண்டாட்டத்தை கொண்டிருக்கின்றன.

I Can...

- ☐ read the 1st sentence.
- ☐ read the 2nd sentence.
- ☐ make a sentence from a picture.
- ☐ color a picture.
- ☐ Draw a picture.

The dinosaur has a pillow.

டைனோசரில் ஒரு தலையணை உள்ளது.

The dragon is using the rock to build its house.

டிராகன் தனது வீட்டைக் கட்ட பாறையைப் பயன்படுத்துகிறது.

Name __________________

I Can...

- [ ] read the 1st sentence.
- [ ] read the 2nd sentence.
- [ ] make a sentence from a picture.
- [ ] color a picture.
- [ ] Draw a picture.

The boy is excited to go to school.

சிறுவன் பள்ளிக்குச் செல்ல உற்சாகமாக இருக்கிறான்.

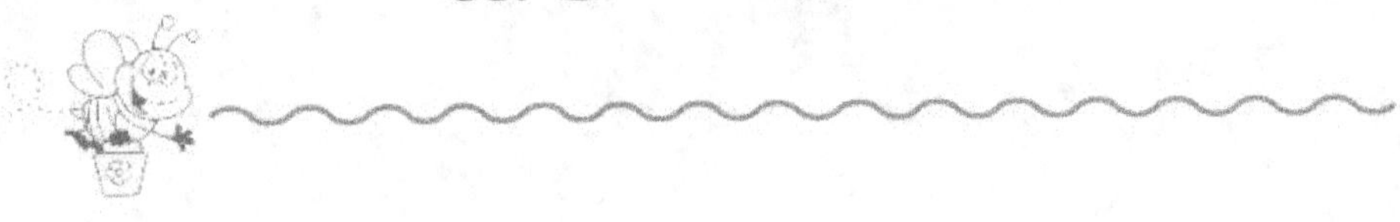

The boy is late for school, so he is sprinting.

சிறுவன் பள்ளிக்கு தாமதமாகிவிட்டான், அதனால் அவன் வேகமாக ஓடுகிறான்.

Name

I Can...

- [ ] read the 1st sentence.
- [ ] read the 2nd sentence.
- [ ] make a sentence from a picture.
- [ ] color a picture.
- [ ] Draw a picture.

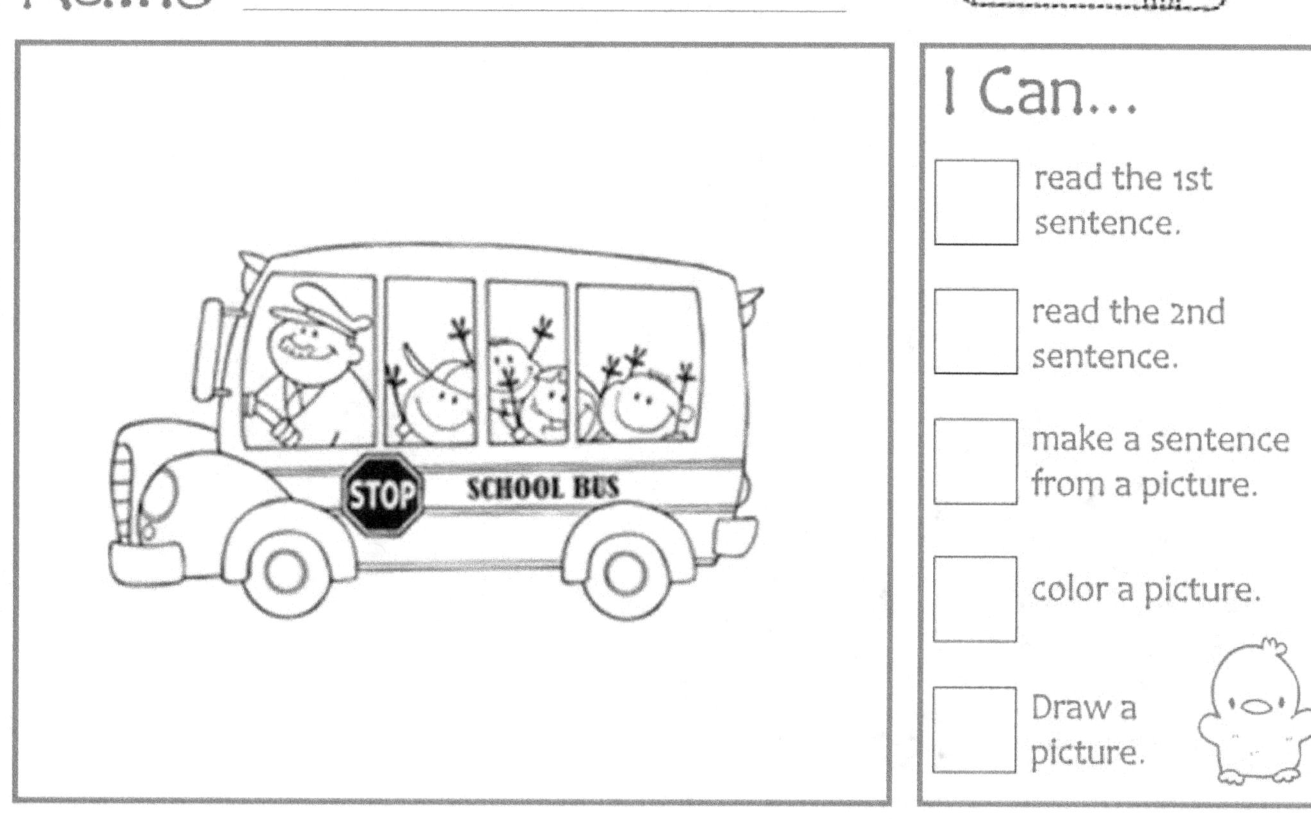

The kids on the school bus are going to school.

பள்ளி பேருந்தில் உள்ள குழந்தைகள் பள்ளிக்குச் செல்கிறார்கள்.

The children are going on a field trip on the yellow bus.

குழந்தைகள் மஞ்சள் பேருந்தில் களப்பயணத்தில் செல்கின்றனர்.

Name ______________________

I Can...

- [ ] read the 1st sentence.
- [ ] read the 2nd sentence.
- [ ] make a sentence from a picture.
- [ ] color a picture.
- [ ] Draw a picture.

The cobra is very lovely.

நாகம் மிகவும் அருமையானது.

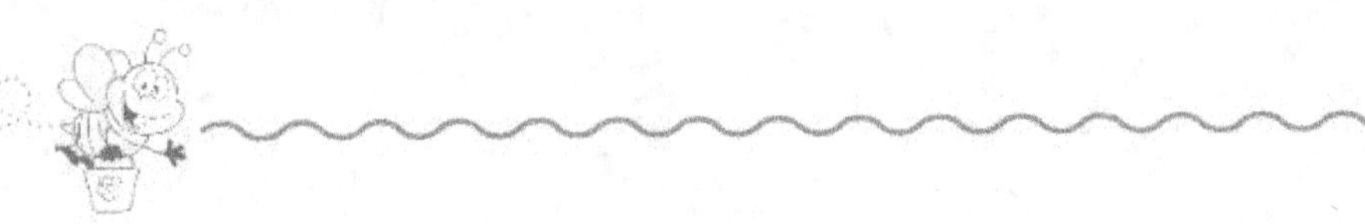

The rattlesnake is looking for its dinner.

ராட்டில்ஸ்னேக் அதன் இரவு உணவைத் தேடுகிறது.

I Can...

- [ ] read the 1st sentence.
- [ ] read the 2nd sentence.
- [ ] make a sentence from a picture.
- [ ] color a picture.
- [ ] Draw a picture.

That is a fat dog!

அது ஒரு கொழுத்த நாய்!

~~~~~~~~~~~~~~~~~~~~~~~~~~~~~~~~~~~~~

This dog is wagging its tail for more treats.

இந்த நாய் அதிக விருந்தளிப்பதற்காக அதன் வாலை அசைக்கிறது.
~~~~~~~~~~~~~~~~~~~~~~~~~~~~~~~~~~~~~

I Can...

- [ ] read the 1st sentence.
- [ ] read the 2nd sentence.
- [ ] make a sentence from a picture.
- [ ] color a picture.
- [ ] Draw a picture.

The elephant lives in the zoo.

யானை மிருகக்காட்சிசாலையில் வசிக்கிறது.

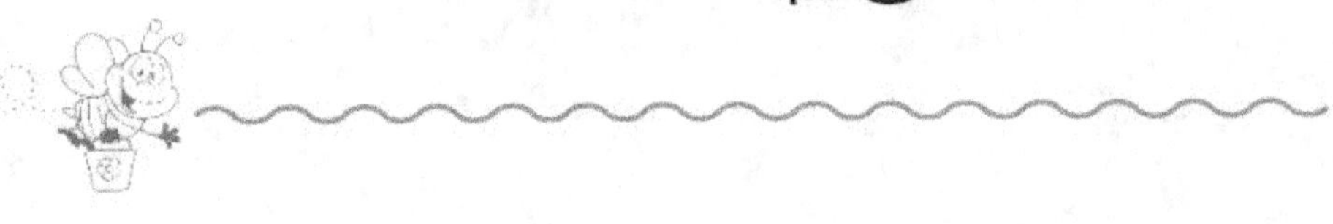

The elephant has a long trunk to spray water.

யானைக்கு தண்ணீர் தெளிக்க நீண்ட தண்டு உள்ளது.

Name _______________

I Can...

- [ ] read the 1st sentence.
- [ ] read the 2nd sentence.
- [ ] make a sentence from a picture.
- [ ] color a picture.
- [ ] Draw a picture.

The giraffe eats vegetables.

ஓட்டகச்சிவிங்கி காய்கறிகளை சாப்பிடுகிறது.

The giraffe has an extremely long neck.

ஓட்டகச்சிவிங்கி மிக நீண்ட கழுத்தை கொண்டுள்ளது.

Name

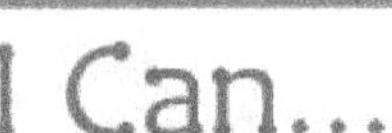

I Can...

- [ ] read the 1st sentence.
- [ ] read the 2nd sentence.
- [ ] make a sentence from a picture.
- [ ] color a picture.
- [ ] Draw a picture.

The chipmunk has a soft tummy.

சிப்மங்கில் மென்மையான வயிறு உள்ளது.

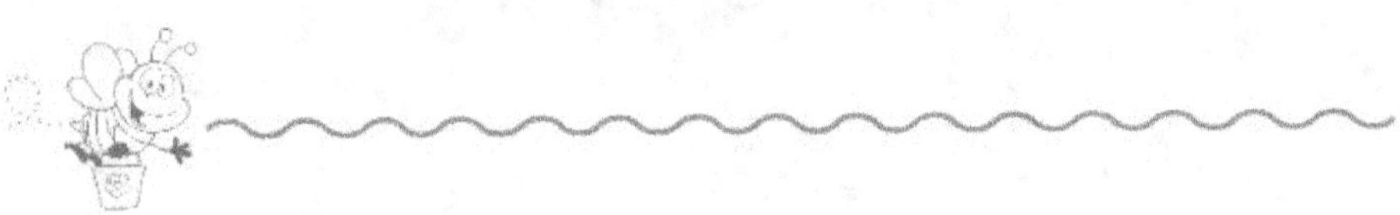

The Chipmunk is about to eat a brown acorn.

சிப்மங்க் ஒரு பழுப்பு நிற ஏகோர்ன் சாப்பிட உள்ளது.

Name ___________________

I Can...

- [ ] read the 1st sentence.
- [ ] read the 2nd sentence.
- [ ] make a sentence from a picture.
- [ ] color a picture.
- [ ] Draw a picture.

I have ten toes in total.

எனக்கு மொத்தம் பத்து கால்விரல்கள் உள்ளன.

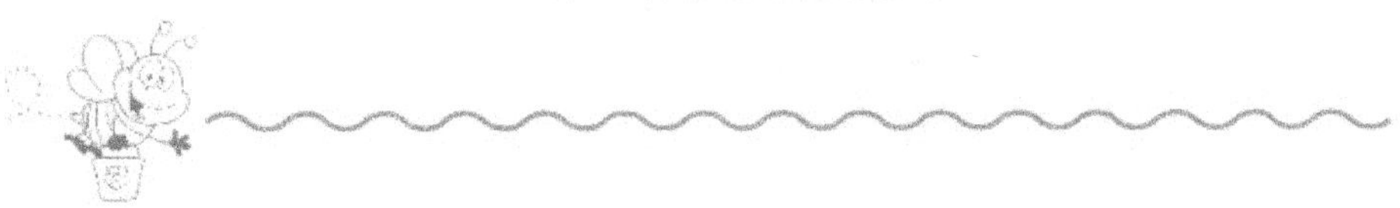

The one and the zero are holding hands.

ஒன்று மற்றும் பூஜ்ஜியம் கைகளைப் பிடித்துக் கொண்டிருக்கின்றன.

Name

I Can...

- [ ] read the 1st sentence.
- [ ] read the 2nd sentence.
- [ ] make a sentence from a picture.
- [ ] color a picture.
- [ ] Draw a picture.

The alligator is jumping.

முதலை குதிக்கிறது.

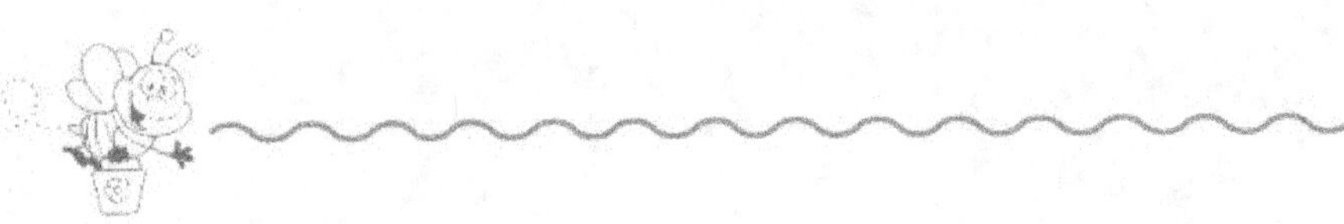

The crocodile is excited.

முதலை உற்சாகமாக இருக்கிறது.

Name ______________ 

I Can...

- [ ] read the 1st sentence.
- [ ] read the 2nd sentence.
- [ ] make a sentence from a picture.
- [ ] color a picture.
- [ ] Draw a picture.

I found an ant.

நான் ஒரு எறும்பைக் கண்டேன்.

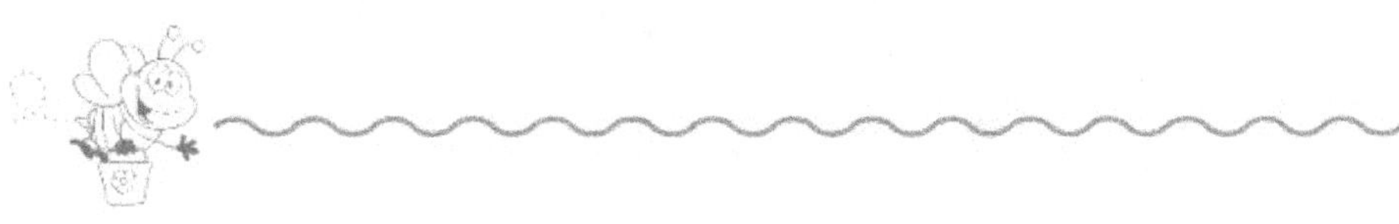

The ant is telling a story.

எறும்பு ஒரு கதை சொல்கிறது.

Name

I Can...

- [ ] read the 1st sentence.
- [ ] read the 2nd sentence.
- [ ] make a sentence from a picture.
- [ ] color a picture.
- [ ] Draw a picture.

The bat sleeps upside down.

பேட் தலைகீழாக தூங்குகிறது.

The bat is ready to fly.

பேட் பறக்க தயாராக உள்ளது.

Name 

I Can...

- [ ] read the 1st sentence.
- [ ] read the 2nd sentence.
- [ ] make a sentence from a picture.
- [ ] color a picture.
- [ ] Draw a picture.

The cat is very tired.

பூனை மிகவும் சோர்வாக இருக்கிறது.

The cat is taking a nap.

பூனை ஒரு தூக்கத்தை எடுக்கிறது.

Name

I Can...

- [ ] read the 1st sentence.
- [ ] read the 2nd sentence.
- [ ] make a sentence from a picture.
- [ ] color a picture.
- [ ] Draw a picture.

The dog likes to play.

நாய் விளையாடுவதை விரும்புகிறது.

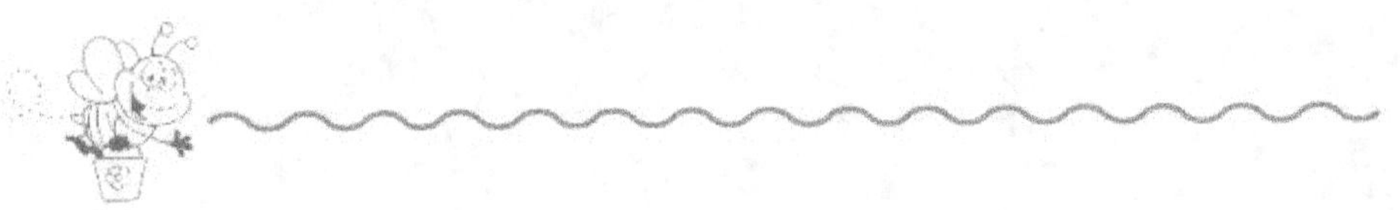

The dog is playing with a bone.

நாய் எலும்புடன் விளையாடுகிறது.

Name

I Can...

- [ ] read the 1st sentence.
- [ ] read the 2nd sentence.
- [ ] make a sentence from a picture.
- [ ] color a picture.
- [ ] Draw a picture.

The elephant has eyelashes.

யானைக்கு கண் இமைகள் உள்ளன.

The elephant is shy.

யானை வெட்கப்படுகிறது.

Name 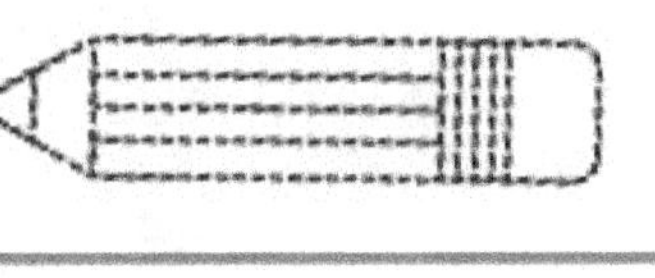

I Can...

- [ ] read the 1st sentence.
- [ ] read the 2nd sentence.
- [ ] make a sentence from a picture.
- [ ] color a picture.
- [ ] Draw a picture.

The frog is hopping.

தவளை துள்ளிக் கொண்டிருக்கிறது.

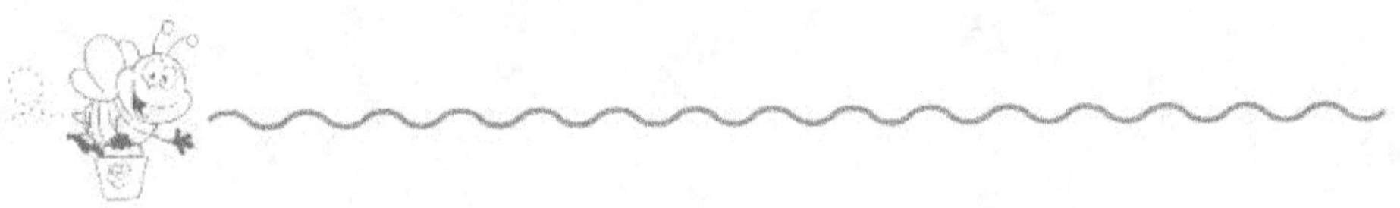

The frog is trying to catch the fly.

தவளை ஈவைப் பிடிக்க முயற்சிக்கிறது.

Name

I Can...

- [ ] read the 1st sentence.
- [ ] read the 2nd sentence.
- [ ] make a sentence from a picture.
- [ ] color a picture.
- [ ] Draw a picture.

The goat is sleepily walking around.

ஆடு தூக்கத்துடன் சுற்றி வருகிறது.

The goat is eating grass.

ஆடு புல் சாப்பிடுகிறது.

Name

I Can...

- [ ] read the 1st sentence.
- [ ] read the 2nd sentence.
- [ ] make a sentence from a picture.
- [ ] color a picture.
- [ ] Draw a picture.

The hippo has a big head.

ஹிப்போவுக்கு ஒரு பெரிய தலை உள்ளது.

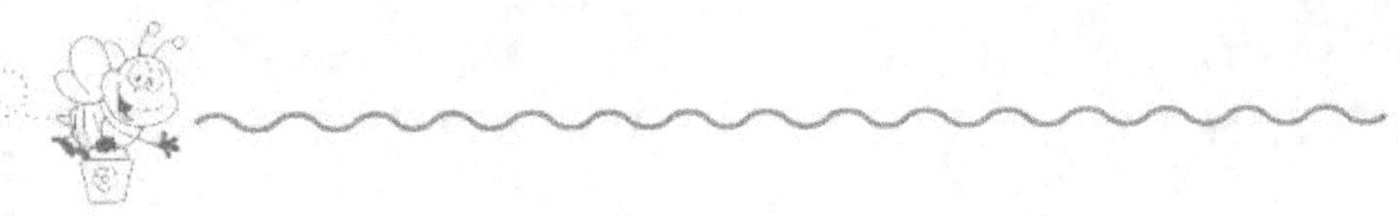

The hippo has a big head.

ஹிப்போவுக்கு ஒரு பெரிய தலை உள்ளது.

Name

I Can...

- [ ] read the 1st sentence.
- [ ] read the 2nd sentence.
- [ ] make a sentence from a picture.
- [ ] color a picture.
- [ ] Draw a picture.

The iguana has a long tail.

இகுவானா ஒரு நீண்ட வால் உள்ளது.

The iguana is hiding behind the letter I.

I என்ற எழுத்தின் பின்னால் iguana ஒளிந்து கொண்டிருக்கிறது.

Name ______________________

I Can...

- [ ] read the 1st sentence.
- [ ] read the 2nd sentence.
- [ ] make a sentence from a picture.
- [ ] color a picture.
- [ ] Draw a picture.

Mom bought a new bottle of jam.

அம்மா ஒரு புதிய பாட்டில் ஜாம் வாங்கினார்.

There is jam on the bread.

ரொட்டியில் ஜாம் உள்ளது.

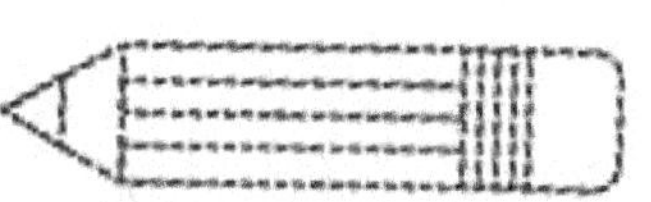

I Can...

- [ ] read the 1st sentence.
- [ ] read the 2nd sentence.
- [ ] make a sentence from a picture.
- [ ] color a picture.
- [ ] Draw a picture.

The kite has a beautiful tail.

காத்தாடி ஒரு அழகான வால் உள்ளது.

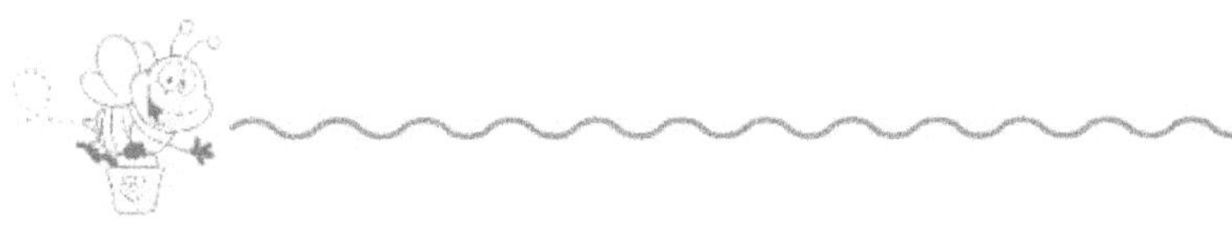

The kite is on the ground.

காத்தாடி தரையில் உள்ளது.

Name

I Can...

- ☐ read the 1st sentence.
- ☐ read the 2nd sentence.
- ☐ make a sentence from a picture.
- ☐ color a picture.
- ☐ Draw a picture.

The lion is timid.

சிங்கம் பயமுறுத்துகிறது.

The lion is big.

சிங்கம் பெரியது.

I Can...

- [ ] read the 1st sentence.
- [ ] read the 2nd sentence.
- [ ] make a sentence from a picture.
- [ ] color a picture.
- [ ] Draw a picture.

I like mice.

எனக்கு எலிகள் பிடிக்கும்.

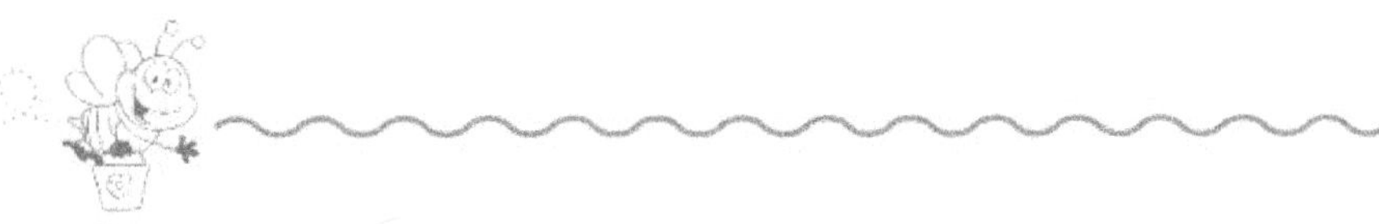

A rat is on top of the letter M

எம் என்ற எழுத்தின் மேல் ஒரு எலி உள்ளது

Name

I Can...

- [ ] read the 1st sentence.
- [ ] read the 2nd sentence.
- [ ] make a sentence from a picture.
- [ ] color a picture.
- [ ] Draw a picture.

The nose is breathing.

மூக்கு சுவாசிக்கிறது.

The letter N stands for a nose.

N என்ற எழுத்து ஒரு மூக்கைக் குறிக்கிறது.

Name

I Can...

- [ ] read the 1st sentence.
- [ ] read the 2nd sentence.
- [ ] make a sentence from a picture.
- [ ] color a picture.
- [ ] Draw a picture.

The octopus lives underwater.

ஆக்டோபஸ் நீருக்கடியில் வாழ்கிறது.

The octopus has eight tentacles.

ஆக்டோபஸில் எட்டு கூடாரங்கள் உள்ளன.

Name

I Can...

- [ ] read the 1st sentence.
- [ ] read the 2nd sentence.
- [ ] make a sentence from a picture.
- [ ] color a picture.
- [ ] Draw a picture.

The penguin eats fish.

பென்குயின் மீன் சாப்பிடுகிறது.

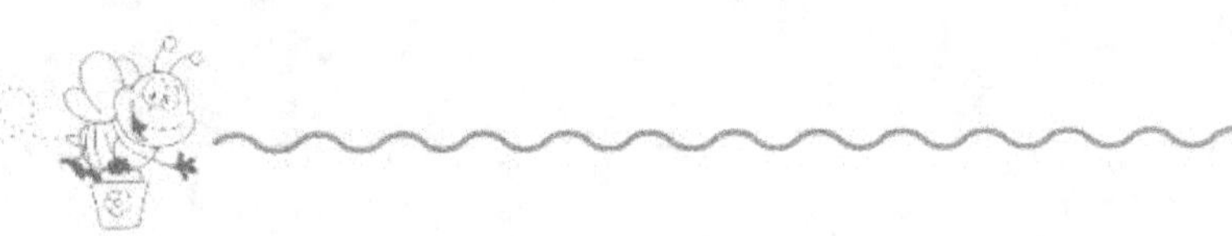

The penguin lives in the arctic.

பென்குயின் ஆர்க்டிக்கில் வாழ்கிறது.

Name ______________

I Can...

- [ ] read the 1st sentence.
- [ ] read the 2nd sentence.
- [ ] make a sentence from a picture.
- [ ] color a picture.
- [ ] Draw a picture.

The queen has a wand.

ராணிக்கு ஒரு மந்திரக்கோல் உள்ளது.

The queen is beautiful.

ராணி அழகாக இருக்கிறாள்.

Name

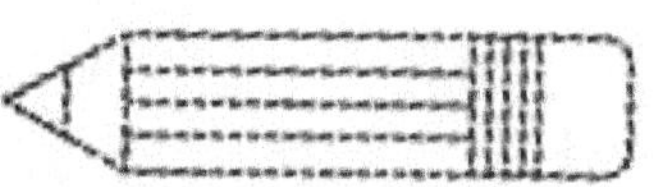

I Can...

- [ ] read the 1st sentence.
- [ ] read the 2nd sentence.
- [ ] make a sentence from a picture.
- [ ] color a picture.
- [ ] Draw a picture.

The rabbit has long ears.

முயலுக்கு நீண்ட காதுகள் உள்ளன.

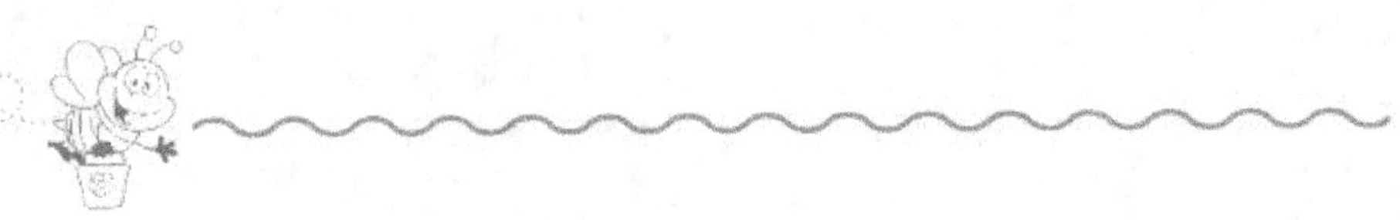

The rabbit is thinking about something.

முயல் எதையாவது யோசித்துக்கொண்டிருக்கிறது.

I Can...

- [ ] read the 1st sentence.
- [ ] read the 2nd sentence.
- [ ] make a sentence from a picture.
- [ ] color a picture.
- [ ] Draw a picture.

The snake has polka dots.

பாம்பில் போல்கா புள்ளிகள் உள்ளன.

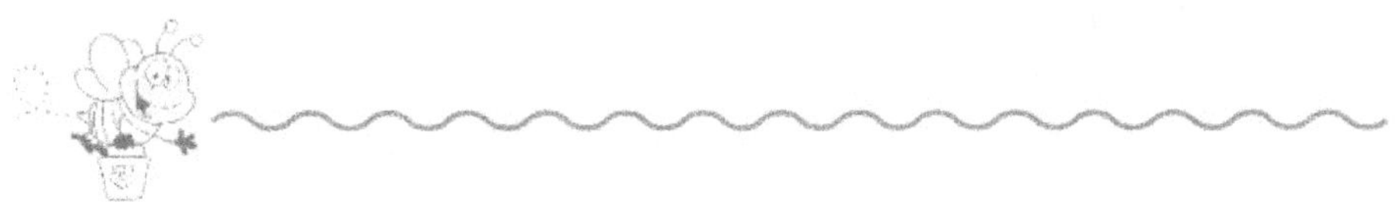

The snake is licking its lip because it is hungry.

பாம்பு பசியால் அதன் உதட்டை நக்குகிறது.

Name ______________________

I Can...

- [ ] read the 1st sentence.
- [ ] read the 2nd sentence.
- [ ] make a sentence from a picture.
- [ ] color a picture.
- [ ] Draw a picture.

The tortoise has a pointy shell.

ஆமைக்கு ஒரு சுட்டிக்காட்டி ஷெல் உள்ளது.

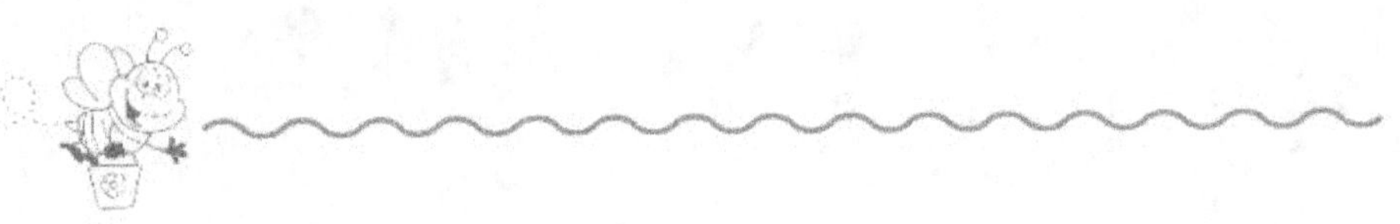

The turtle has a robust shell but is very slow.

ஆமை ஒரு வலுவான ஷெல் கொண்டிருக்கிறது, ஆனால் மிகவும் மெதுவாக உள்ளது.

Name _______________

I Can...

- [ ] read the 1st sentence.
- [ ] read the 2nd sentence.
- [ ] make a sentence from a picture.
- [ ] color a picture.
- [ ] Draw a picture.

It's raining.

மழை பெய்கிறது.

We use the umbrella when it's raining.

மழை பெய்யும்போது குடையைப் பயன்படுத்துகிறோம்.

I Can...

- [ ] read the 1st sentence.
- [ ] read the 2nd sentence.
- [ ] make a sentence from a picture.
- [ ] color a picture.
- [ ] Draw a picture.

The violin is a musical instrument.

வயலின் ஒரு இசைக்கருவி.

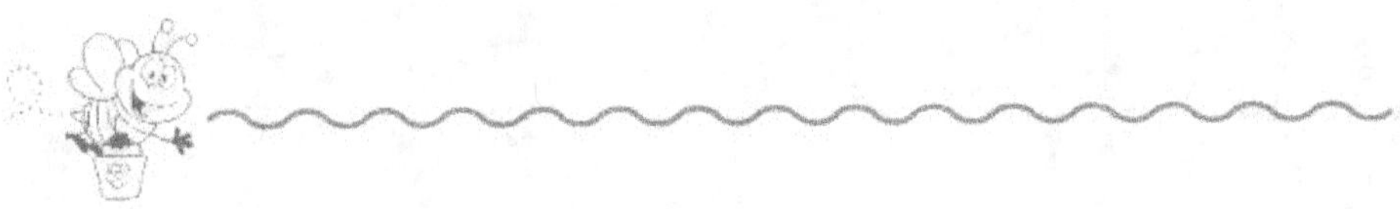

A violin can play beautiful music if played correctly.

சரியாக வாசித்தால் வயலின் அழகான இசையை இசைக்க முடியும்.

I Can...

- [ ] read the 1st sentence.
- [ ] read the 2nd sentence.
- [ ] make a sentence from a picture.
- [ ] color a picture.
- [ ] Draw a picture.

The walrus has a friend.

வால்ரஸுக்கு ஒரு நண்பர் இருக்கிறார்.

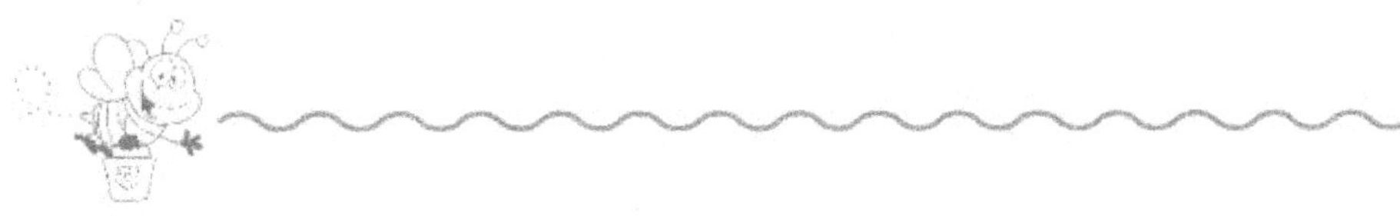

The walrus has unusually sharp teeth.

வால்ரஸ் வழக்கத்திற்கு மாறாக
கூர்மையான பற்களைக் கொண்டுள்ளது.

X

I Can...

- [ ] read the 1st sentence.
- [ ] read the 2nd sentence.
- [ ] make a sentence from a picture.
- [ ] color a picture.
- [ ] Draw a picture.

The xylophone is a colorful instrument.

சைலோபோன் ஒரு வண்ணமயமான கருவி.

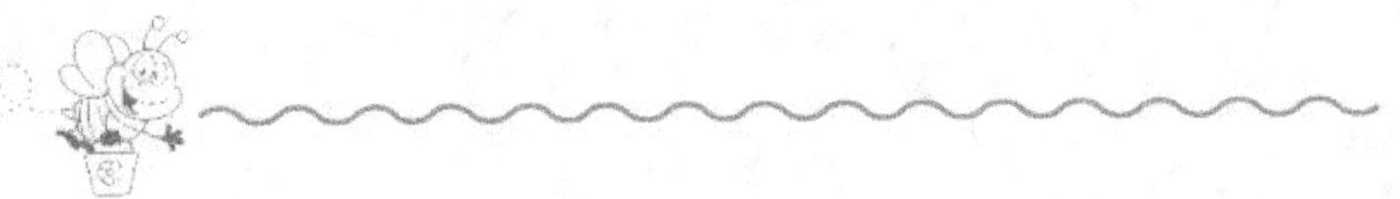

The xylophone is an instrument like the piano.

சைலோபோன் என்பது பியானோ போன்ற ஒரு கருவி.

Name ____________________ 

I Can...

- [ ] read the 1st sentence.
- [ ] read the 2nd sentence.
- [ ] make a sentence from a picture.
- [ ] color a picture.
- [ ] Draw a picture.

The boy has a little hat.

பையனுக்கு கொஞ்சம் தொப்பி இருக்கிறது.

The boy is having fun playing with a yoyo.

சிறுவன் ஒரு யோயோவுடன் வேடிக்கையாக விளையாடுகிறான்.

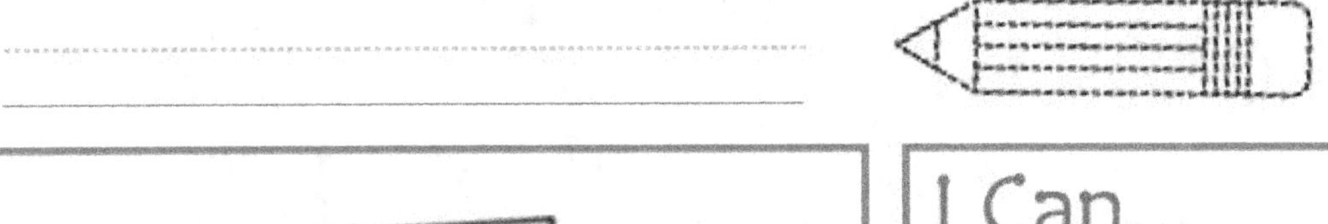

Name

I Can...

- [ ] read the 1st sentence.
- [ ] read the 2nd sentence.
- [ ] make a sentence from a picture.
- [ ] color a picture.
- [ ] Draw a picture.

The zebra has a tail.

வரிக்குதிரை ஒரு வால் உள்ளது.

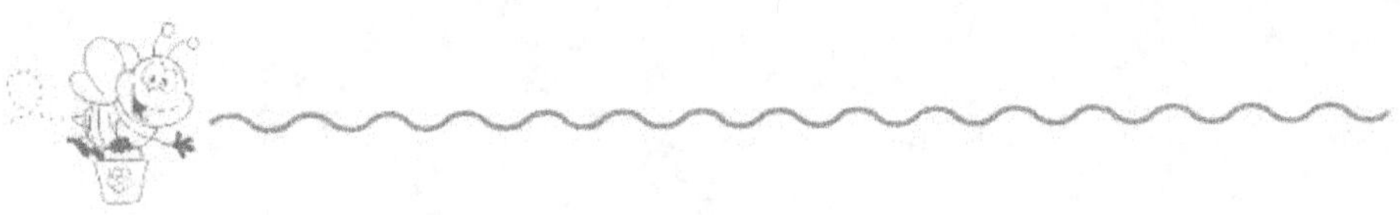

The zebra has black and white stripes.

வரிக்குதிரையில் கருப்பு மற்றும் வெள்ளை கோடுகள் உள்ளன.

Name

I Can...

- [ ] read the 1st sentence.
- [ ] read the 2nd sentence.
- [ ] make a sentence from a picture.
- [ ] color a picture.
- [ ] Draw a picture.

I have a candle on my cake.

என் கேக்கில் மெழுகுவர்த்தி வைத்திருக்கிறேன்.

I had a small birthday cake for my party.

எனது விருந்துக்கு ஒரு சிறிய பிறந்தநாள் கேக் வைத்திருந்தேன்.

Name _______________________ 

I Can...

- [ ] read the 1st sentence.
- [ ] read the 2nd sentence.
- [ ] make a sentence from a picture.
- [ ] color a picture.
- [ ] Draw a picture.

The astronaut is going on a mission.

விண்வெளி வீரர் ஒரு பணியை மேற்கொள்கிறார்.

An astronaut has to explore our universe so that we would have more knowledge.

ஒரு விண்வெளி வீரர் நம் பிரபஞ்சத்தை ஆராய வேண்டும், இதனால் நமக்கு அதிக அறிவு கிடைக்கும்.

Name

I Can...

- [ ] read the 1st sentence.
- [ ] read the 2nd sentence.
- [ ] make a sentence from a picture.
- [ ] color a picture.
- [ ] Draw a picture.

The samurai is going for a morning jog.

சாமுராய் ஒரு காலை ஜாக் போகிறார்.

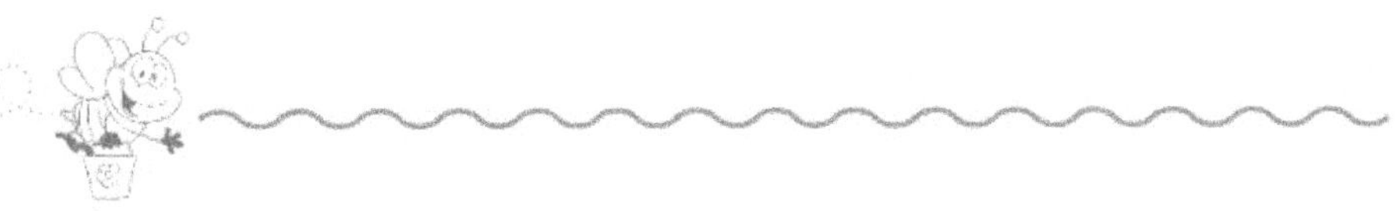

The samurai is training to become good at fighting.

சாமுராய் சண்டையில் சிறந்து விளங்க பயிற்சி அளிக்கிறார்.

Name ____________

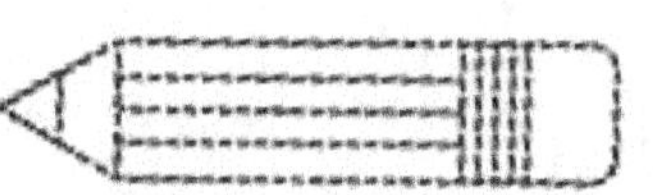

I Can...

- [ ] read the 1st sentence.
- [ ] read the 2nd sentence.
- [ ] make a sentence from a picture.
- [ ] color a picture.
- [ ] Draw a picture.

My friend is having a gigantic cake.

என் நண்பர் ஒரு பிரமாண்டமான கேக் வைத்திருக்கிறார்.

I had a humongous birthday cake for my celebration.

எனது கொண்டாட்டத்திற்காக ஒரு பெரிய பிறந்தநாள் கேக் வைத்திருந்தேன்.

Name

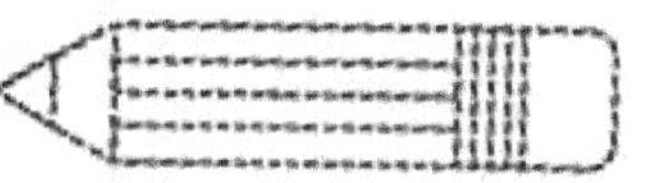

I Can...

- [ ] read the 1st sentence.
- [ ] read the 2nd sentence.
- [ ] make a sentence from a picture.
- [ ] color a picture.
- [ ] Draw a picture.

The frog is chasing the fly.

தவளை ஈவைத் துரத்துகிறது.

The green frog is trying to catch the fly.

பச்சை தவளை ஈவைப் பிடிக்க முயற்சிக்கிறது.

Name ___________________

I Can...

- [ ] read the 1st sentence.
- [ ] read the 2nd sentence.
- [ ] make a sentence from a picture.
- [ ] color a picture.
- [ ] Draw a picture.

The ladybug has six legs.

லேடிபக்கில் ஆறு கால்கள் உள்ளன.

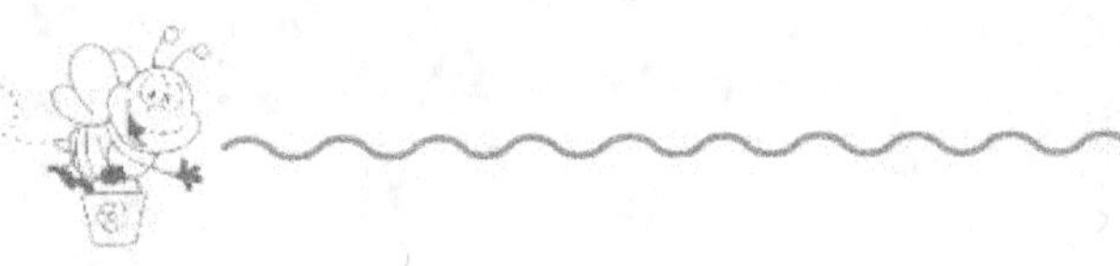

The ladybug is on the leaf.

லேடிபக் இலையில் உள்ளது.

Name ______________________

I Can...

- [ ] read the 1st sentence.
- [ ] read the 2nd sentence.
- [ ] make a sentence from a picture.
- [ ] color a picture.
- [ ] Draw a picture.

The dragon is sick.

டிராகன் உடம்பு சரியில்லை.

The dragon just ate something spicy, so he needed water.

டிராகன் காரமான ஒன்றை சாப்பிட்டது,
அதனால் அவருக்கு தண்ணீர்
தேவைப்பட்டது.

Name

I Can...

- [ ] read the 1st sentence.
- [ ] read the 2nd sentence.
- [ ] make a sentence from a picture.
- [ ] color a picture.
- [ ] Draw a picture.

That is a baby cow.

அது ஒரு குட்டி மாடு.

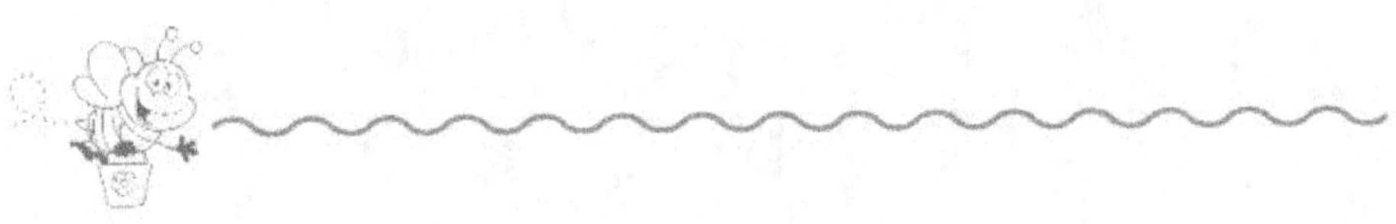

A little cow is walking around near the barn.

ஒரு சிறிய மாடு கொட்டகையின் அருகே சுற்றி வருகிறது.

Name 

I Can...

- [ ] read the 1st sentence.
- [ ] read the 2nd sentence.
- [ ] make a sentence from a picture.
- [ ] color a picture.
- [ ] Draw a picture.

The frog has a big smile.

தவளைக்கு ஒரு பெரிய புன்னகை இருக்கிறது.

The frog is smiling because it is happy.

தவளை மகிழ்ச்சியாக இருப்பதால் சிரிக்கிறது.

Name ______

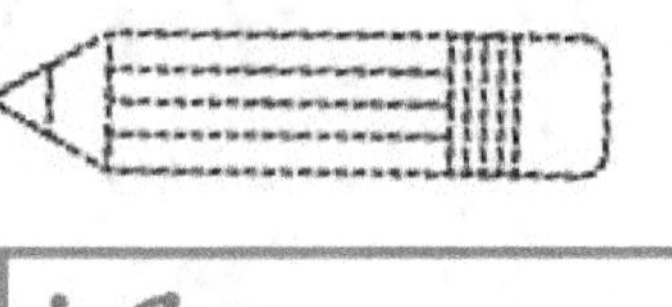

I Can...

- [ ] read the 1st sentence.
- [ ] read the 2nd sentence.
- [ ] make a sentence from a picture.
- [ ] color a picture.
- [ ] Draw a picture.

The frog has a big mouth.

தவளைக்கு ஒரு பெரிய வாய் உள்ளது.

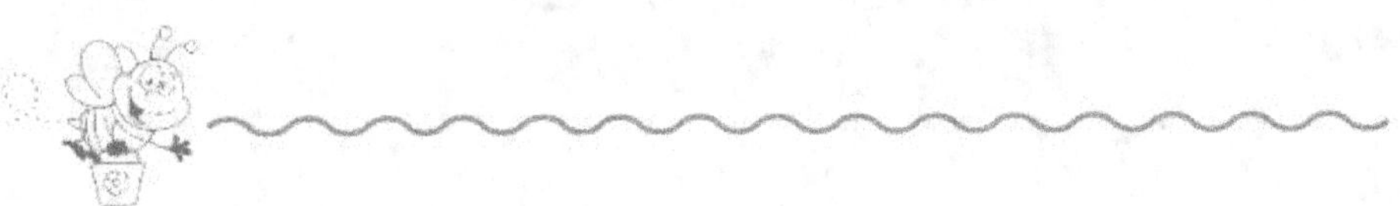

The frog is waving to us.

தவளை எங்களுக்கு அசைந்து கொண்டிருக்கிறது.